KLARTEXT

Unser NRW

Reiseführer
zu Kultur- und Naturdenkmälern
in Nordrhein-Westfalen

Köln-Bonner Bucht

IMPRESSUM

1. Auflage September 2011

Konzept: Martina Grote
Redaktion: Winfried Raffel (Leitung), Bettina Schneider, Anica Bömke
Texte: Klartext Verlag, Essen, Cyrano Kommunikation, Münster, Dr. Ralf J. Günther, Dr. Günter Matzke-Hajek, Dr. Henriette Meynen, Juliane Jung
Satz und Layout: Schacht 11, Essen

Titelfotos: Hartmut Junker (Wahner Heide, Köln), Lars Langemeier (Falknerei Gymnicher Mühle, Erftstadt), Renate Schmitz (Heinzelmännchen-Brunnen, Köln), Tourismus Siebengebirge GmbH (Schloss Drachenburg, Königswinter)
Umschlaggestaltung: Volker Pecher, Essen
Druck und Bindung: Griebsch & Rochol Druck, Hamm

© Klartext Verlag, Essen 2011
ISBN 978-3-8375-0619-8
www.klartext-verlag.de

INHALT

KÖLN UND UMGEBUNG: FROMME PILGER UND NARREN

RUND UM KÖLN (LINKSRHEINISCH): ÄPFEL UND WILDKATZEN

RUND UM KÖLN (RECHTSRHEINISCH): SEHENSWERTES AUF DER SCHÄL SICK

BONN UND UMGEBUNG: BERGE, BURGEN, BEETHOVEN

ANHANG

HALLO KINDER!

Ich bin Nicki Nuss, das Maskottchen der NRW-Stiftung. Ich bin wohl das einzige Eichhörnchen, das gerne reist. Meine Artgenossen bleiben eigentlich lieber zu Hause an einem festen Platz im Wald. Zusammen mit meinen Freunden Nina und Klaus, dem Frosch, reise ich im Auftrag der Nordrhein-Westfalen-Stiftung durch ganz NRW. Wir besuchen Schlösser und Burgen, erkunden dunkle Höhlen und durchstreifen tiefe Wälder. Auf meiner Internetseite www.nrw-entdecken.de
könnt ihr uns auf dem Streifzug durch Nordrhein-Westfalen begleiten. Ihr werdet sehen, es ist ganz schön spannend hier. Zu allen Ausflügen im Buch, bei denen ihr mich entdeckt, könnt ihr euch Rätselfragen, Rallyes oder Bastel-Tipps von meiner Internetseite herunterladen. Natürlich erfahrt ihr auch, was Nina, Klaus und ich schon alles erlebt haben. Außerdem findet ihr auf www.nrw-entdecken.de Videos, Spiele und Experimente mit Schritt-für-Schritt-Anleitung. So wird euer Ausflug doppelt spannend.

Viel Spaß beim Entdecken!

Nicki Nuss

LIEBE LESERINNEN, LIEBE LESER,

die Wahner Heide bei Köln, Schloss Drachenburg in Königswinter, das Beethoven-Haus in
Bonn, Schloss Augustusburg in Brühl – diese
Ausflugsziele sind den meisten Menschen in
der Region und auch vielen Besuchern bekannt.
Aber kennen Sie auch das kleine Bergische
Schulmuseum in Bergisch Gladbach, in dem
noch heute kaiserzeitlicher Unterricht stattfin-
det? Oder das Keramikmuseum „Keramion" in
Frechen, dessen Silhouette die Form einer riesi-
gen Töpferscheibe hat?
Manche in diesem Band beschriebenen Museen stehen den Besuchern täglich offen. Andere haben nur am Wochenende oder nach telefonischer Anmeldung geöffnet. Die in diesem
Reiseführer beschriebenen Ausflugsziele haben aber eines gemeinsam: Es sind Natur- und
Kulturprojekte der Nordrhein-Westfalen-Stiftung Naturschutz, Heimat- und Kulturpflege.
Seit 1986 unterstützt sie landesweit ehrenamtliche Vereine und gemeinnützige Einrichtungen,
die sich mit Herz und Hingabe für die Natur-
schönheiten und Kulturschätze des Landes ein-
setzen. Es lohnt sich, vor der eigenen Haustür,
aber auch in den anderen Regionen dieses schö-
nen Landes einmal nachzuspüren, was mithilfe
der NRW-Stiftung und ihrer Partner auf den Weg
gebracht werden konnte. Gerne können Sie auch
ganz persönlich „schützen, was Sie lieben", als
Mitglied im Förderverein der NRW-Stiftung.
Der Band Köln-Bonner Bucht ist Teil einer acht-
bändigen Buchreihe, die zum 25. Geburtstag
der NRW-Stiftung erschienen ist. Wer die vielen spannenden Facetten aus allen Regionen unserer Heimat Nordrhein-Westfalen entdecken
möchte, der sollte sich auch die anderen Bände
nicht entgehen lassen.

Ihre NRW-Stiftung

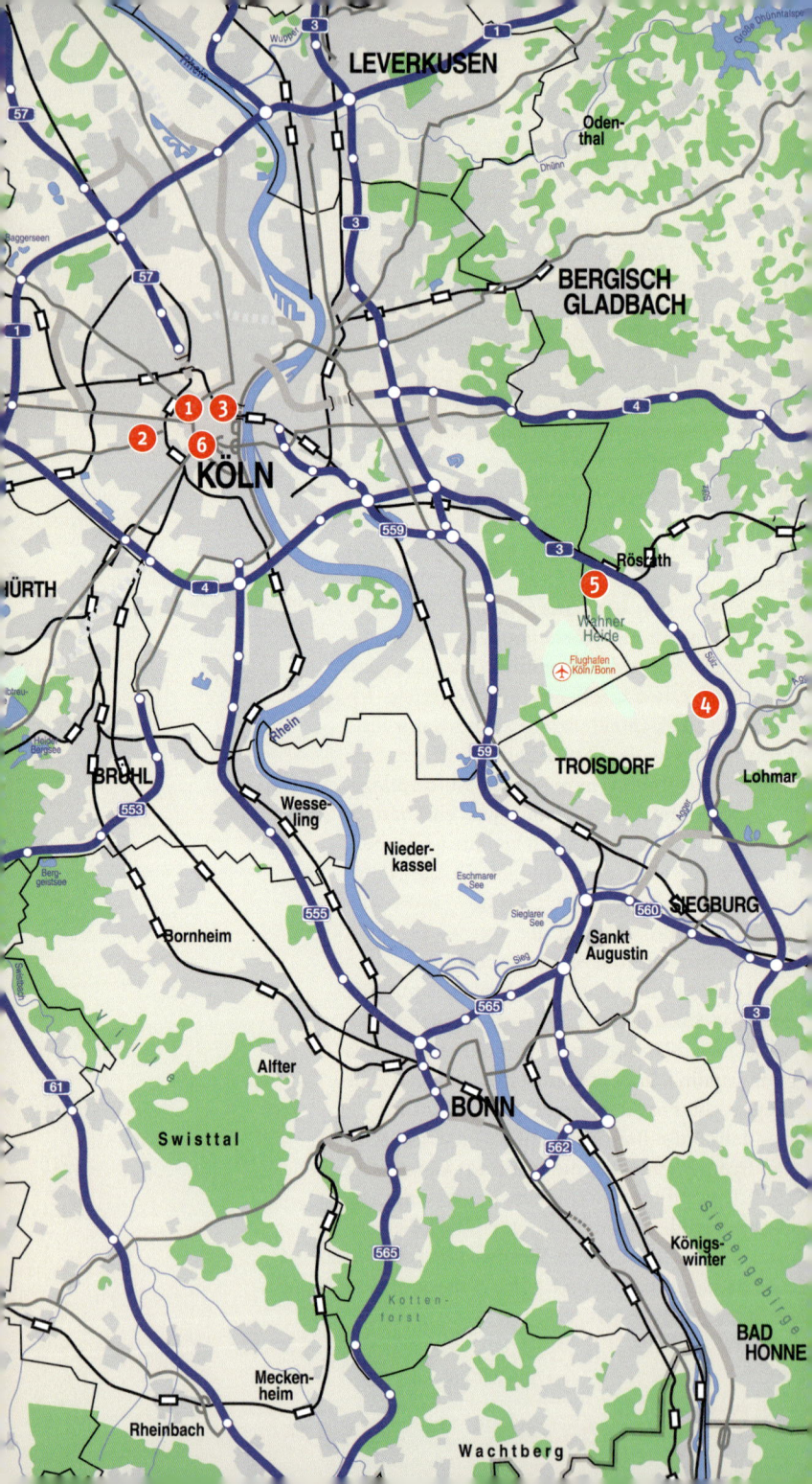

KÖLN UND UMGEBUNG

FROMME PILGER UND NARREN

Das bekannteste Bauwerk Kölns ist der Dom – bereits von weitem sichtbar und im Rang eines Weltkulturerbes, ist die prachtvolle gotische Kirche das Erste, was den meisten Touristen aus dem In- und Ausland zu Köln einfällt. Die Ursprünge der Stadt reichen jedoch weit zurück in die Zeit des römischen Reiches einige Jahrzehnte nach Christi Geburt. Als Stadtgründerin gilt Agrippina, Frau von Kaiser Claudius und in Colonia geboren, die ihren Gemahl dazu veranlasste, ihrem Geburtsort die Stadtrechte zu verleihen. Ab 90 n. Chr. avancierte Köln zur Provinzhauptstadt und zeitweiligen Kaiserresidenz. In den folgenden Jahrhunderten bis um 455 n. Chr. entwickelte sich eine lebendige Stadt, deren römische Spuren sich im gesamten Stadtbereich, vor allem aber im Römisch-Germanischen Museum bestaunen lassen.

Im Zuge der Christianisierung entstanden in Köln einige bedeutende romanische Kirchen,

Gehört seit 2000 Jahren zu Köln: der Karneval.

aber den entscheidenden Anstoß zum späteren Besuchermagnet gab Reinald von Dassel, Erzbischof von Köln von 1159 bis 1167, indem er 1164 die Gebeine der Heiligen Drei Könige an den Rhein brachte. Die Reliquien, die bis dahin in Mailand verehrt worden waren, gelangten als Kriegsbeute nach einem der vielen Feldzüge Kaiser Friedrich Barbarossas von Norditalien nach Köln. Um den Gebeinen von Caspar, Melchior und Balthasar eine angemessene Ruhestätte zu geben, wurde 1248 die Baustelle eingerichtet, die in den folgenden Jahrhunderten, und im Grunde bis heute, das Stadtbild prägte. Informationen zur Baugeschichte gibt es im öffentlichen Bereich der Ausgrabungen unterhalb des Doms.

Im Mittelalter entwickelte sich Köln zu einer prosperierenden Handelsmetropole, war Erzbischofssitz, Freie Reichsstadt und natürlich Pilgerstadt. Köln wuchs auf 45.000 Einwohner und galt als der Umschlagsplatz für Waren und kulturelle Strömungen und konnte mit einigen „ältesten" und „ersten" Merkmalen aufwarten wie das älteste Stadtsiegel Europas, das erste Rathaus in Deutschland, das früheste Grundbuchwesen und die erste bürgerliche Universität Deutschlands. Die einzelnen Epochen seit dem Mittelalter sind im Stadtmuseum dokumentiert und können bei Stadtrundgängen erkundet werden. Während viele Städte im Laufe der Jahrhun-

Beliebter Treffpunkt im Sommer: der Cologne Beach Club.

derte eine Blütezeit hatten, kann man am Beispiel Köln studieren, wie eine Stadt ihre Bedeutung durch die Zeitläufe bewahrt und sich in ihrem kulturellen und architektonischen Erscheinungsbild jeweils auf der Höhe der Zeit präsentiert. Heute sind es nicht nur der Dom, die zahlreichen Museen und die rheinische Lebensart, die Besucher anziehen, sondern auch das moderne architektonisch aufregende Köln, das bei der Entwicklung des Rheinauhafens zum Arbeits- und Wohnquartier vor allem mit den optisch spektakulären Kranhäusern punktet.

Tünnes und Schäl.

Der Rheinauhafen seinerseits ist auch römischen Ursprungs und so langsam fragt man sich, ob die Römer außer vielen Bauten auch kulturell Prägendes hinterlassen haben. Natürlich wird man auch hier fündig, denn die Römer feierten zu Ehren ihrer Götter ausgelassene Frühlingsfeste, die später von den Christen aufgegriffen wurden, um die vorösterliche Fastenzeit einzuläuten. Die mittelalterlichen „Mummereien" waren ob ihrer Ausschweifungen berüchtigt, ließen sich aber weder durch Stadtrat noch Kirchenobere eindämmen. So können sich auch die Narren auf eine Tradition berufen, die mindestens so alt ist wie ihre Stadt und im größten Karnevalsmuseum im deutschsprachigen Raum erkundet werden kann, übrigens auch außerhalb der närrischen Zeit.

1 STADTMUSEUM KÖLN

Die Geschichte des Stadtmuseums reicht ins Jahr 1888 zurück, als das Historische Museum der Stadt Köln gegründet wurde und als Sammlung mit Stadtsiegeln, Gemälden und Leihgaben der Sammlung Wallraf startete. 1925 sollte auf Betreiben des damaligen Oberbürgermeisters Konrad Adenauer ein Rheinisches Museum angegliedert werden; Hintergrund war der Erfolg der Ausstellung zur 1000-jährigen Zugehörigkeit des Rheinlandes zum Deutschen Reich. In den 1930er-Jahren wurde dieser Gedanke wieder aufgegriffen, allerdings fiel das Museum im Zweiten Weltkrieg dem Bombenhagel zum Opfer. Dennoch konnten viele Objekte gerettet werden und so siedelte 1958 das Kölnische Stadtmuseum ins wieder aufgebaute Zeughaus um, das ursprünglich dazu diente, das Waffenarsenal der Stadt zu verwahren.

Bereits von außen präsentiert sich der Sitz des Kölner Stadtmuseums als echter Hingucker. Erstmals erbaut im Stile der niederländischen Renaissance von 1594 bis 1606, verfügt das Zeughaus über einen knapp 24 Meter hohen spätmittelalterlichen Geschlechterturm, den seit 1991 der „Goldene Vogel" des Kölner Kult-Künstlers HA Schult krönt.

Heute erwartet die Besucher auf 2000 Quadratmetern eine Dauerausstellung mit zahlreichen Exponaten zu Geschichte, Geistesleben und Wirtschaft der Stadt und seiner Bewohner und stellt, manchmal augenzwinkernd, „typisch" Kölsches wie Klüngel, Kölsch und Karneval, Hänneschen-Theater, Kölnisch-Wasser sowie den in Köln erfundenen Otto-Motor vor.

Auf zwei Etagen gibt die Ausstellung eindrucksvoll Auskunft über das Alltagsleben im Mittelalter, Stadtentwicklung und Persönlichkeiten, Bürgertum, Wohnkultur, Handwerkerschaft und Verkehr, schwerpunktmäßig von 1600 bis 1900, um dann den Bogen in die moderne Arbeitswelt und die Kölner Industrie- und Kunstgewerbeproduktion des 19. Jahrhunderts zu schlagen. Na-

■ **Informationen**
Kölnisches Stadtmuseum,
Zeughausstraße 1-3,
50667 Köln,
Tel. 0221 / 221 25 789
www.museenkoeln.de/
koelnisches-stadtmuseum/

Öffnungszeiten:
Di 10-20 Uhr
Mi-So 10-17 Uhr
jeden 1. Donnerstag im
Monat 11-22 Uhr

■ **Kinder**
• Audioführung
• Museumpädagogisches
  Programm

■ Die NRW-Stiftung half
dem Stadtmuseum Köln
mehrfach beim Erwerb
von Objekten für seine
Sammlung.

türlich darf die Baugeschichte des Kölner Doms nicht fehlen, die einen weiteren Themenschwerpunkt setzt.

Das i-Tüpfelchen ist die Graphische Sammlung, in der bildliche Darstellungen vom 14. Jahrhundert bis in unsere Zeit gesammelt und aufbewahrt werden. Gezeigt werden gezeichnete oder gedruckte Einzelblätter, Skizzenbücher, Mappenwerke und eine umfangreiche Buchgraphik, wobei die kölnische und rheinische Topographie mit einem der bedeutendsten Bestände an illustrierten Rheinreisebeschreibungen sowie Landkarten, Porträts, Kulturgeschichte, Karneval und Kölner Künstler die wichtigsten Sammelgebiete darstellen. Faszinierend ist auch die angegliederte Fotosammlung, die unter anderem einzigartige Abzüge aus der Frühzeit der Fotografie präsentiert.

Untergebracht ist das Museum im einstigen Zeughaus der Stadt. In der Waffenkammer wurden Rüstungen, Hellebarden, Musketen und Kanonen aufbewahrt.

2 ULREPFORTE

Die Geschichte der Ulrepforte reicht bis ins 13. Jahrhundert zurück. Zum Schutz der Stadt Köln wurde sie als Teil der Stadtmauer errichtet, von der Wachleute Ausschau hielten und den Verkehr in die Stadt regelten. Viel hatten sie dabei nicht zu tun, denn die Ulrepforte im Südwesten Kölns lag an keiner der bedeutenden Eingangsstraßen, sondern grenzte direkt an Felder an.

Lediglich kurz nach ihrer Errichtung spielte die Ulrepforte eine Hauptrolle in der Kölner Geschichte: 1268 versuchte der von den Bürgern vertriebene Erzbischof Engelbert II. mit seinen Anhängern in die Stadt einzudringen. In einer blutigen Schlacht an der Ulrepforte, von der heute ein Reliefdenkmal zeugt, wurde die Unabhängigkeit der Stadt verteidigt. Im 15. Jahrhundert geriet die Nutzung als Stadttor in den Hintergrund, und es wurde eine Mühle für das nahe gelegene Kartäuserkloster aufgesetzt.

Als 1881 schließlich eine Erweiterung Kölns beschlossen und die Stadtmauer abgerissen wurde, verlor die Ulrepforte ihre Funktion vollends, blieb aber als Denkmal erhalten. Kurze Zeit später wurde die Mühle abgebaut, eine neugotische Turmhaube aufgesetzt und in dem zweigeschossigen Vorbau die Gaststätte „Zur guten Bierquelle" eingerichtet. Seit 1907 im Besitz der Stadt, diente die Ulrepforte den Kölner Bürgern im Zweiten Weltkrieg als Luftschutzraum.

1955 übernahm die Karnevalsgesellschaft der Roten Funken den Bau von der Stadt Köln in Erbpacht. Sie brachten die „Ülepooz" soweit in Schuss, dass man sie benutzen konnte und weihten sie 1956 als karnevalistisches Hauptquartier festlich ein. Bis zum Jahr 2000 wurden nach und nach alle weiteren Teile saniert, der Turm kann mit Führung nun auch besichtigt werden.

■ **Informationen**
Ulrepforte
Sachsenring 42
50677 Köln
Führungen können in der Geschäftsstelle der Kölsche Funke rut-wieß vereinbart werden. Diese finden mit höchstens 20 Teilnehmern statt, da der Turm innen sehr eng ist.
Geschäftszeiten:
Di, Do 9-13 Uhr
Tel. 0221 / 31 15 64
www.rote-funken.de
www.uehlepooz.de

■ Die NRW-Stiftung hat mehrfach dringend notwendige Sanierungsarbeiten an der Ulrepforte finanziell unterstützt.

SEHENSWERT

Museum Ludwig

Das Museum Ludwig setzt bewusst einen Schwerpunkt auf die Kunst des 20. Jahrhunderts und die Gegenwartskunst – und überzeugt seine Besucher hier mit Meisterwerken von Roy Lichtenstein oder Andy Warhol und der drittgrößten Picasso-Sammlung der Welt.

■ Informationen
Tel. 0221 / 22 12 61 65
www.museum-ludwig.de

Wallraf-Richartz-Museum

Das älteste Museum Kölns, das 1827 gegründete „Wallraf-Richartz-Museum" im Zentrum zählt zu den großen klassischen Gemäldegalerien Deutschlands. Es gründet auf der Sammlung Ferdinand Franz Wallrafs, der diese 1824 der Stadt vermacht hatte.

■ Informationen
Tel. 0221 / 22 12 11 19
www.wallraf.museum

Römisch-Germanisches Museum

Das 1946 eröffnete Römisch-Germanische Museum am Roncalliplatz schöpft aus dem archäologischen Erbe der Stadt und ihres Umlandes. Es ging 1946 aus der Römischen und Germanischen Abteilung des Wallraf-Richartz-Museums hervor.

■ Informationen
Tel. 0221 / 22 12 44 38
www.museenkoeln.de/roemisch-germanisches-museum

Museum für angewandte Kunst

Alltagsgegenstände als Kunst – das Museum für Angewandte Kunst setzt ungewöhnliche und faszinierende Schwerpunkte. Die Sammlung zeigt Gebrauchsgegenstände aus dem Mittelalter bis in die Gegenwart.

■ Informationen
Tel. 0221 / 22 12 38 60
www.museenkoeln.de/museum-fuer-angewandte-kunst

Schokoladenmuseum

Das Schokoladenmuseum, direkt am Rheinufer gelegen, zählt mit jährlich über 650.000 Gästen zu den beliebtesten Museen Kölns. Besucher werden hier in die Geheimnisse der Schokoladenherstellung eingeführt – Kostprobe aus dem Schokoladenbrunnen inklusive.

■ Informationen
Tel. 0221 / 93 18 880
www.schokoladenmuseum.de

Archäologische Zone

Im Rahmen der „Regionale 2010" entsteht auf einer Fläche von rund 7000 Quadratmetern eines der spektakulärsten Kulturprojekte der Stadt: die Archäologische Zone unter dem Rathausplatz; ein unterirdisches Museum direkt an den Originalstandorten.

■ Informationen
Tel. 0221 / 22 12 23 94
www.museenkoeln.de/archaeologische-zone

3 HEINZELMÄNNCHEN-BRUNNEN

Gemütlich auf der faulen Haut liegen, einen erfrischenden Schlaf genießen und wenn man aufsteht, ist die Arbeit getan. Wer träumt nicht manchmal davon? Die Kölner Handwerker hatten vor langer Zeit dieses Glück. Heinzelmännchen hießen die kleinen Helfer, die nachts in die Häuser kamen und eifrig schneiderten, zimmerten oder Brot backten. So erzählt es zumindest die beliebte, nach Köln verlegte Volkssage. Schon vor über 100 Jahren setzten die Kölner den emsigen Zwergen ein Denkmal in der Innenstadt – den Heinzelmännchenbrunnen.

Den Brunnen zieren Reliefs, die dem Betrachter das Märchen von den nächtlichen Arbeitern vor Augen führen. Männlein mit Zipfelmützen und Bärten sind zu sehen, wie sie in der Backstube Brot zubereiten oder in der Schneiderei ein Gewand fertigen. Daneben schlummern die Menschen und bemerken nichts von dem geschäftigen Treiben um sie herum. Über den Reliefszenen thront in lauernder Haltung

■ **Informationen**

Der Heinzelmännchenbrunnen steht auf dem Roncalliplatz in der Kölner Innenstadt am Brauhaus Früh, Am Hof 12-14, 50667 Köln, www.koeln.de /tourismus/sehenswertes /heinzel.html

■ Die NRW-Stiftung half bei der Restaurierung des neugotischen Heinzelmännchenbrunnens in Köln.

eine Frauenfigur. Denn es war weibliche Neugier, die dem Zauber ein Ende bereitete: Die Schneidersfrau, so heißt es in der Legende, lauerte den Wichteln eines Nachts auf. Sie ergriffen verschreckt die Flucht und kamen nie wieder.

Seitdem mussten die Kölner wieder selbst die Ärmel hochkrempeln. „Man kann nicht mehr wie sonsten ruh'n, man muss nun alles selber tun", schrieb August Kopisch 1836 in seinem Gedicht über die Heinzelmännchen. Sie blieben den Bewohnern der Domstadt aber in so guter Erinnerung, dass der Kölner Verschönerungsverein 1899 beschloss, ihnen ein Denkmal zu setzen. Viele Bürger griffen dafür in die eigene Tasche und finanzierten mit Spenden den Bau des Brunnens. Das steinerne Dankeschön für die märchenhaften Helfer gestalteten die Steinmetze Edmund und Heinrich Renard.

Pünktlich zu seinem 100-jährigen Bestehen wurde der Brunnen 1999 umfassend restauriert, denn die Reliefs wiesen starke Beschädigungen auf. Der Skulptur der Schneidersfrau fehlte sogar der Kopf. Heute ist das Denkmal im neugotischen Stil wieder Anziehungspunkt für Touristen, ein beliebtes Fotomotiv und eine Bildgeschichte, von der sich so mancher Betrachter wünscht, dass sie einmal Wirklichkeit werde.

„Wie war zu Cölln es doch vordem,
Mit Heinzelmännchen so bequem!
Denn, war man faul... man legte sich
Hin auf die Bank und pflegte sich:
Da kamen bei Nacht,
Ehe man's gedacht,
Die Männlein und schwärmten
Und klappten und lärmten
Und rupften
Und zupften
Und hüpften und trabten
Und putzten und schabten...
Und eh ein Faulpelz noch erwacht,...
War all sein Tagewerk...bereits gemacht!"

August Kopisch, 1836:
„Die Heinzelmännchen zu Köln"

4 WAHNER HEIDE

Eichenwälder, Zwergstrauchheiden, Dünen, Sandmagerrasen mit Silbergras, Heidemoore mit Sonnentau und Torfmoos-Knabenkraut und Erlenbruchwälder mit Königsfarn: Im Übergang von der Rheinebene zum Bergischen Land bieten Königsforst und Wahner Heide ein abwechslungsreiches Biotopmosaik, das aufgrund seiner Bedeutung für den Naturschutz als „Nationales Naturerbe" eingestuft ist. Rund um den Flughafen Köln/Bonn beherbergt dieses über 8.000 Hektar große Naturschutzgebiet mehr als 700 Tier- und Pflanzenarten der Roten Liste.

Das Militär prägte die Wahner Heide maßgeblich: Schon vor 180 Jahren nutzte die preußische Armee Teile der Heidelandschaft für ihre Schießübungen. Später nutzten auch die deutsche Wehrmacht, die alliierten Besatzungstruppen, die NATO-Verbündeten und zuletzt die belgischen Streitkräfte das Gelände mit seiner Mischung aus offenen Flächen und Wald für militärische Übungen – die Wahner Heide war in großen Teilen Sperrgebiet und für die Öffentlichkeit nicht zugänglich. Nach dem Abzug der letzten Militäreinheiten engagierte sich das „Bündnis Wahner Heide", das heute zusammen mit beteiligten Kommunen, Bürgerinitiativen, Naturschutzverbänden und dem Köln-Bonner Flughafen im „Forum Wahner Heide" aufgegangen ist, für dieses wertvolle Naturschutzgebiet, damit es in den sensiblen Bereichen geschützt, zugleich aber auch für Besucher geöffnet wird. Wo früher Panzer den Boden zerpflügten, leisten heute Schafe, Glan-Rinder und Ziegen tierische Hilfe bei der Landschaftspflege: Mit ihrem Appetit halten sie nachwachsende Gehölze klein und die die Weidelandschaft offen. Das kommt wiederum zahlreichen Vögeln, Insekten und anderen Kleintieren zugute, die hier Nistmöglichkeiten und Nahrung finden.

Alle amtlichen und ehrenamtlichen Akteure, die sich für den Schutz dieser einzigartigen Wald- und Heidelandschaft engagieren, arbeiten seit

■ **Informationen**

Vier neue Besucher-Portale bilden die wichtigsten Zugänge zur Wahner Heide und zum Königsforst: Es sind dies Gut Leidenhausen in Köln-Porz (ab 2012), Burg Wissem in Troisdorf, der Turmhof in Rösrath und das alte Forsthaus Steinhaus in Bergisch Gladbach. Die Portale befinden sich in teilweise denkmalgeschützten Gebäuden und bieten einen bequemen Zugang von den Städten in das Naturschutzgebiet. Sie sind gut an den öffentlichen Personennahverkehr und das Straßennetz angebunden

Mehr Informationen unter www.wahnerheidekoenigsforst. de

■ Die NRW-Stiftung unterstützte die Einrichtung der Ausstellungsräume in den vier neuen Besucherportalen Burg Wissem, Turmhof, Gut Leidenhausen und Steinhaus.

2009 unter dem gemeinsamen Dach des Forums Wahner Heide in enger Partnerschaft. Da Wahner Heide und Königsforst unmittelbar im Köln-Bonner Ballungsraum liegen und insbesondere an den Wochenenden sehr viele Besucher anlocken, werden zur Zeit unter der Federführung des Forum Wahner Heide vier so genannte „Besucherportale" eingerichtet, die meist in denkmalsgeschützten Gebäuden untergebracht sind und von den angrenzenden Städten auch mit dem öffentlichen Nahverkehr bequem erreicht werden können. In diesen Portalen erfahren große und kleine Besucher alles Wissenswerte über den grünen Schatz im Ballungsraum, erhalten Ausflugstipps oder können sich für geführte Exkursionen anmelden. Einen guten Überblick der Veranstaltungs- und Informationsangebote bietet die Internet-Seite des Forums Wahner Heide (s. auch Informationskasten S. 22).

Während der Ginsterblüte im Mai und Juni verwandeln sich Heideflächen in ein Blütenmeer.

Stille Heideweiher und Flach-
moore tragen zum land-
schaftlichen Reiz der Wahner
Heide bei.

Im Gelände selbst soll die Orientierung durch
ein markiertes Wegesystem und zusätzliche Informationsangebote erleichtert werden. So erfahren Gäste etwa, dass der Eichenwald der Lebensraum des seltenen Mittelspechts ist oder
wie sich die Speisezettel von Rindern und Ziegen zum Wohl der Heide ergänzen: Die Glan-
rinder fressen überwiegend Gras und Kräuter,
während die Ziegen Blätter, Rinde und junge
Zweige von Bäumen und Sträuchern bevorzu-
gen. Schon jetzt gibt es einen drei- bis vierstün-
digen Rundwanderweg, der durch die offenen
Heideflächen von „Geisterbusch" und „Unter
der Dicken Heide" am Flughafen entlang und
durch den Waldbereich in der nördlichen Wahner Heide führt.

5 GUT LEIDENHAUSEN UND GREIFVOGEL-SCHUTZSTATION

Wer in Köln ein Ziel für einen abwechslungs-
reichen und zugleich informativen Ausflug in
die Natur sucht, sollte sich zum Gut Leidenhausen im Kölner Stadtteil Porz-Eil aufmachen. Auf
etwa zwölf Kilometern Wanderweg rund um das
Gut gibt es viel zu entdecken. Die Wahner Heide
mit ihrer vielfältigen Tier- und Pflanzenwelt ist
von hier aus unmittelbar zu erreichen. Für die
Besucher der interessanten und reizvollen Landschaft wird auf Gut Leidenhausen eines von vier
„Portalen" zur Wahner Heide eingerichtet, wo
sie wertvolle Informationen über dieses Naturschutzgebiet erhalten.
Der Standort für ein neues „Portal" zur Wahner
Heide auf Gut Leidenhausen ist gut gewählt.
Das ehemalige Rittergut, bereits 1329 erstmals
erwähnt und seit 1961 im Besitz der Stadt Köln,
ist ein beliebtes Ausflugsziel für Familien aus
dem Köln-Bonner Raum. Gut Leidenhausen bietet neben Liegewiesen und Spielplätzen etwa ein
Gehege mit Wildschweinen und Rotwild, einen
großen Naturspielplatz, eine Übungsrennbahn
für das benachbarte Gestüt Röttgen und eine Al-

Einst ein Rittergut – heute ein
Hort der Natur: Gut Leidenhausen.

„Der Adler Jupiters und
Pallas Eule stritten.
„Abscheulich Nachtge-
spenst!" – „Bescheidner,
darf ich bitten.
Der Himmel heget mich
und dich;
Was bist du also mehr, als
ich?"
Der Adler sprach: „Wahr
ists, im Himmel sind wir
beide;
Doch mit dem Unter-
scheide:
Ich kam durch eignen
Flug,
Wohin dich deine Göttin
trug."

Gotthold Ephraim Lessing:
„Der Adler und die Eule"

lee, die alle „Bäume des Jahres" seit 1989 enthält. Hier gibt es zudem eine Greifvogel-Schutzstation, ein Obstmuseum und das „Haus des Waldes". Dieser schon 1982 von einem Förderkreis eingerichtete Teil des Gutshofes bietet auf über 400 Quadratmetern Ausstellungsfläche viel Wissenswertes zum Lebensraum Wald. Das Angebot des Museums beginnt bereits auf dem Weg dorthin: Vor Gut Leidenhausen sehen Besucher das Stamm-Ende einer 300 Jahre alten Ulme, die in der Ortschaft Weiler einem ostasiatischen Pilz zum Opfer fiel. Dieses „Exponat" erinnert an das Ulmensterben und den Umstand, dass diese Baumart seit einer Dürre im Jahr 1976 aus Kölns Stadtwäldern fast verschwunden ist.

Im Museum selbst verdeutlichen leicht verständliche Texte und Fotos die Waldentwicklung über viele Millionen Jahre hinweg. Besonders eindrucksvoll ist ein 200 Millionen Jahre alter, versteinerter Stamm eines Baumes aus Arizona und die ebenfalls versteinerte Baumscheibe einer 60 bis 70 Millionen Jahre alten Eiche aus Washington County, Oregon. Sie wurde so blankpoliert, dass sie fast wie ein riesengroßer Edelstein wirkt. In einem Waldmuseum dürfen natürlich Tiere nicht fehlen – auch wenn sie hier in präpariertem Zustand gezeigt werden. Vitrinen stellen verschiedene Lebensräume mit den für sie typischen Tieren vor. Die Medientechnik entspricht zwar nicht mehr dem neuesten Stand, zeigt aber, warum es lohnt, sich für den Wald zu engagieren.

Zu den heutigen „Bewohnern" von Gut Leidenhausen gehören neben den Tieren in den Gehegen auch andere Gäste, denen besonderer Schutz geboten wird. Dazu gehört beispielsweise Ronja, die sich extrem langweilen würde, gäbe es da nicht den Unterricht des Waldschullehrers – obwohl sie dem Lehrer überhaupt nicht zuhört! Sie beobachtet die Bewegungen auf dem Weg gegenüber und horcht auf die Geräusche im Gras. Ronja ist eine Waldkauzdame. Sie lebt in der Greifvogelschutzstation des Gutes, wo Bussarde, Falken und Eulen Verletzungen auskurie-

ren und auf ihre Auswilderung vorbereitet werden. Und weil die Greifvogelschutzstation an die „Waldschule Köln" angeschlossen ist, in der Schulklassen aus Köln ganze Vormittage verbringen, nimmt Ronja immer wieder mal am Unterricht teil.

Auch für die Schüler ist dies eine willkommene Abwechslung. Denn statt Rechtschreibung steht für sie hier der Lebensraum Wald auf dem Stundenplan oder eben die Biologie der Greifvögel und Eulen. Etwa 5000 Schulkinder kommen pro Jahr hierher. Was ihre Altersgenossen nur im Schulbuch oder auf einer Leinwand sehen, können sie – dank Ronja – aus nächster Nähe betrachten und sich fachkundig erläutern lassen. Kinder und andere Besucher sehen aber nur einen Teil der Pfleglinge. Die meisten Vögel brauchen Ruhe und werden deshalb von jeglicher Störung abgeschirmt. Pro Jahr versorgt die Station zwischen 100 und 120 gefiederte Patienten. Etwa 60 Prozent von ihnen werden wieder gesund entlassen.

Waldkauz Ronja fand in der Station dauerhaft ein Zuhause und hat sich an Besucher gewöhnt.

■ Die NRW-Stiftung unterstützt den Ausbau von Gut Leidenhausen zu einem „Portal" der Wahner Heide, sie finanzierte die Ausstellung im Haus des Waldes und unterstützte mit der Baukloh-Stiftung den Bau neuer Auswilderungsvolieren.

Doch vorher brauchen sie ärztliche Behandlung, denn gebrochene Füße oder Flügel zu versorgen, verlangt Erfahrung und Können. Tierärzte, die den gefiederten Leidenhausener Unfallopfern helfen, nehmen dafür kein Honorar, nur die Medikamente müssen bezahlt werden. Um die verletzten Vögel nicht zu ängstigen und ihnen nicht die natürliche Scheu vor den Menschen zu nehmen, werden sie separat gehalten. Auch der Pfleger bleibt für sie fast immer hinter einer Plane verborgen. So können die meisten nach wenigen Tagen oder Wochen die Station wieder verlassen. Manche bleiben aber auch mehrere Monate. Das ist bei Zugvögeln wie Baumfalken oder Milanen sinnvoll, die im Herbst nach einem Unfall abgegeben wurden. Wenn sie wieder genesen sind, herrschen manchmal schon winterliche Bedingungen. Deshalb werden sie dann noch bis zum Frühjahr versorgt.

So geschehen etwa mit einem Rotmilan. Spaziergänger hatten ihn bei Bedburg gefunden; er lag auf dem Rücken und hatte starke Lähmungen, wahrscheinlich als Folge einer Vergiftung. Da sein Schluckreflex noch funktionierte, konnte er gefüttert werden. Er erholte sich vollständig und wurde im Frühjahr freigelassen, als auch seine Artgenossen auf dem Weg in die Brutgebiete waren.

Nicht jeder Gast allerdings kann als geheilt entlassen werden. Manche Tiere haben ein dauerndes Handicap und können nicht mehr selbst jagen. Sie würden draußen verhungern. Als Dauerpflegefälle gewöhnen sie sich bald an den Menschen und werden dann in einer der Volieren im Besucherbereich einquartiert. So wie Ronja, die Waldkauzdame. Ihren Taufnamen bekam sie von den Schülern, denen dennoch klar gemacht wird, dass die Station kein Streichelzoo ist.

Die Greifvogelschutzstation in Gut Leidenhausen besteht seit 1964. Als die Stadt Köln 1994 nicht mehr in der Lage war, die Einrichtung alleine weiter zu finanzieren und die Schließung drohte, übernahm die Schutzgemeinschaft Deutscher Wald Köln e.V die Station.

■ Informationen

Heideportal Gut Leidenhausen e. V.
Gut Leidenhausen 1
51147 Köln
Tel. 02203 / 35 76 51
www.wahnerheide-koenigsforst.de
Büro: Mo-Fr 9-12 Uhr
(Portal ab 2012 geöffnet)

Haus des Waldes
Öffnungszeiten:
Februar bis März:
So/Fei 10-17 Uhr
April bis September:
So/Fei 10-18 Uhr

Greifvogel-Schutzstation
Öffnungszeiten:
April bis Oktober:
So/Fei 10-18 Uhr
November bis März:
So/Fei 10-17 Uhr

www.sdw-nrw-koeln.de

Kostenlose Führungen: Jeden 3. Samstag im Monat um 15 Uhr. Anmeldung:
Tel. 02203 / 399 87

■ Kinder
www.nrw-entdecken.de

6 FESTUNGSSTADT KÖLN

Kölns Denkmallandschaft hat noch mehr zu bieten als Dom, romanische Kirchen und Gründerzeithäuser. Befestigungen aus seiner 2000-jährigen Geschichte prägten und prägen Kölns Stadtstruktur und Stadtbild. Konzentrische Straßenführungen und Grüngürtel sind Folgen dieser Entwicklung. Die römischen und mittelalterlichen Mauern sind bekannt, nicht hingegen die preußischen Festungswerke. Diese entstanden ab 1815 stadtnah und ab 1873 weiter außerhalb. Der Ausbau des äußeren bis zum Ersten Weltkrieg angelegten Festungsrings kann zweifelsohne als die größte zusammenhängende Baumaßnahme des 19. Jahrhunderts angesehen werden. Er bestand in seiner Endzeit aus 182 Werken, nämlich zwölf Forts, 23 Zwischenwerken und 147 Zwischenfeldbauten. Im Zuge der von den Alliierten angeordneten Zerstörung der Festungsanlagen nach Kriegsende erwirkte der damalige Oberbürgermeister Konrad Adenauer,

■ Über die Kölner Festungsbauten des 19. Jahrhunderts haben ehrenamtliche Autoren mithilfe der NRW-Stiftung ein 544 Seiten starkes Buch samt Lageplan veröffentlicht: „Festungsstadt Köln. Das Bollwerk im Westen." Hg. von Henriette Meynen, Emons Verlag, Köln 2010, ISBN: 978-3-89705-780-7

Malakoffturm.

Felsengarten im Flankengraben von Fort VI.

Teile dieser Anlage in den neuen Äußeren Grüngürtel einzubinden. Für eine „Spurensuche" bietet sich hier eine Fahrradtour auf den Radwegen an. Dabei sieht man, dass die Festungswerke aus den unterschiedlichen Jahrzehnten des 19. Jahrhunderts ganz eigene gemeinsame Charakteristika haben. Sie wurden alle backsteinsichtig in symmetrischer, sehr strenger Grundriss- und Aufrissgliederung errichtet. Ihre Fassaden gliedern jeweils gekuppelte, zumeist rundbogige Fenster in rhythmischer, sich wiederholender Reihung. Varianten bilden Schmuckelemente wie die Fensterrahmungen und oberen Fassadenabschlüsse mit Gesimsen oder profilierten Steinen. Die vier überkommenen, sehr verschiedenartigen Forts des inneren Festungsringes sind gedrungener als die langgestreckten Festungsanlagen des äußeren Festungsringes.

■ Informationen

Der Außenbau der meisten Festungswerke ist frei zugänglich. Die Festungsgruppe „Arbeitsgemeinschaft Festung Köln e. V." (www.ag-festung-koeln.de) übernimmt Führungen, insbesondere zu dem am besten erhaltenen Fort X am Neusser Wall.

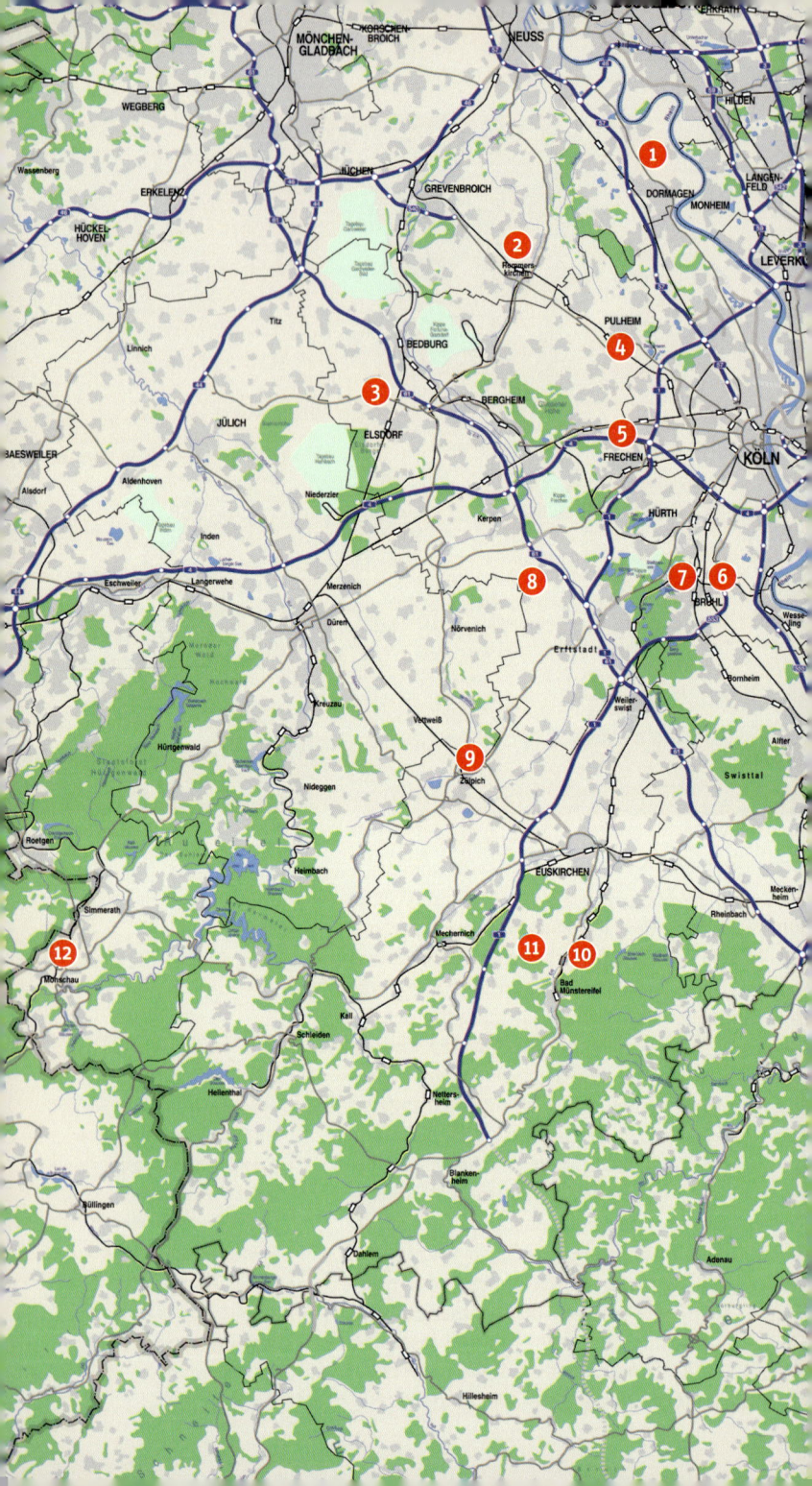

RUND UM KÖLN (LINKSRHEINISCH)

ÄPFEL UND WILDKATZEN

Es geht bergauf für den, der in südlicher Richtung Köln verlässt. Viele Großstädter tun dies an sonnigen Wochenenden, und die meisten fahren auf der Bundesautobahn A1, die hier aus gutem Grunde „Eifelautobahn" heißt. Ehe jedoch das teils schroffe und karge Mittelgebirge erreicht ist, führt der Weg durch die Ville, eine sanfte Hügellandschaft, die hier etwas hochtrabend „Vorgebirge" genannt wird. Die Ville fällt zum Rhein hin sanft ab und bietet somit große Flächen, die vor den scharfen Westwinden geschützt sind. Da überdies die Böden sehr fruchtbar sind, ist das Vorgebirge seit jeher ein einziger Obst- und Gemüsegarten.

Mehr noch: Hier steht die Wiege des modernen Obstanbaus. Auf seinem Hof bei Bornheim, auf halbem Wege zwischen Bonn und Brühl, legte Otto Schmitz-Hübsch 1896 die erste reine Obstplantage an. Bis dahin war es üblich, Birnen und

Bild oben:
Bad Münstereifel ist „staatlich anerkanntes Kneippheilbad" und gilt als mittelalterliches Kleinod.

Äpfel, Kirschen und Pflaumen auf Streuobstwiesen zu pflanzen, teilweise wurden die Obstgehölze auch als Allee-Bäume verwendet. Diese Anbaumethoden dienten der Selbstversorgung, manchmal sprang auch ein kleiner Nebenerwerb heraus. Erst der rationalisierte Anbau in niedrig gehaltenen Spalieren machte aus dem Apfel eine massenhaft verfügbare Handelsware. Schmitz-Hübsch führte außerdem maschinell gekühlte Hallen für die Lagerung der Früchte ein. Und nicht zuletzt wird ihm die Züchtung des Roten Boskop zugeschrieben, eines der besten Äpfel, wenn es ans Kuchenbacken geht.

Den Hof von Schmitz-Hübsch gibt es noch heute. Er beherbergt ein Museum zur Geschichte des Obstbaus und zu Leben und Werk des Gründers, die mit zahlreichen Fotos und historischen Gerätschaften dokumentiert sind.

Auf dem weiteren Weg in Richtung Eifel passieren Ausflügler zahllose Schlösser und Burgen. Augustusburg und Falkenlust in Brühl zum Beispiel, die auf der Liste des UNESCO-Welterbes stehen.

Der vielleicht beeindruckendste Wehrbau entlang des Weges in die Eifel ist Burg Satzvey bei Mechernich. Die besterhaltene mittelalterliche Wasserburg des Rheinlandes ist bis heute im Besitz der gräflichen Familie Beissel von Gymnich, deren Mitgliedern seit den 1970er-Jahren ein beachtlicher Spagat gelingt: Einerseits erhalten sie die historische Bausubstanz, die zu großen Teilen aus dem 13. Jahrhundert stammt. Andererseits beschaffen sie das nötige Geld für die

Abendrot in der Zülpicher Börde.

Instandhaltung dadurch, dass sie die Burg öffentlich zugänglich machen. Es gibt gastronomische Angebote, Geschäfte, regelmäßige Festivals, Konzerte und Freilicht-Theater. Aus guten Gründen ist Burg Satzvey heute ein höchst beliebtes Ausflugsziel. Sehenswert ist sicher auch die Ruine der ehemaligen Landesburg in Lechenich, dem zweitgrößten Stadtteil von Erftstadt. Diese Burg war eine der mächtigsten Wasserburgen der Region, zeitweise Residenz der Erzbischöfe und Kurfürsten von Köln und ist heute als malerische Ruine am Rande der hübschen Altstadt von Lechenich erhalten. Noch als Ruine vermittelt sie aber einen Eindruck von ihrer früheren Bedeutung als stark befestigte Verwaltungsburg des Landesherrn.

Eine weitere Burg gibt es in Zülpich. Das 20.000-Einwohner-Städtchen ist aber vor allem wegen seiner mittelalterlichen Stadtbefestigungen bekannt. Die nahezu komplett erhaltene Stadtmauer wurde auf römischen Fundmenten errichtet, und selbst die prächtigen Stadttore stehen bis heute an den vier Ecken der Altstadt. Das Museum „Römerthermen Zülpich" bietet seit 2009 einen umfassenden Einblick in die Geschichte der Badekultur – von den Entspannung suchenden Römern bis zu den Ikonen zeitgenössischer Schwimmwettbewerbe.

Hinter Zülpich verlässt man dann engültig die Voreifel. Mechernich gilt schon als Tor zum Nationalpark Eifel, und im nahen Bad Münstereifel geht es schon hinauf auf 580 Meter. Man merkt es deutlich: Das Klima hier ist rauer, der Sommer ein wenig kühler als unten am Rhein. Die Apfelblüte setzt erst Mitte Mai ein – da sind auf der Plantage Schmitz-Hübsch in aller Regel schon die ersten kleinen Früchte an den Zweigen zu sehen. Als Erholungsort und staatlich anerkanntes Kneipp-Heilbad spielt Bad Münstereifel eine wichtige Rolle für viele Kölner und Bonner, die ausgedehnten Waldgebiete im Nationalpark gelten als besonders urwüchsig und werden auch höchsten Ansprüchen gerecht. Denen der Wildkatze nämlich, die hier noch heimisch ist.

1 MÜHLE ZONS

Es war 1372, als der Kölner Erzbischof Friedrich III. von Saarwerden den Rheinzoll von Neuss nach Zons verlegte – und den Ort als Zollfestung ausbauen ließ; bereits ein Jahr später erhielt Zons das Stadtrecht. Und zum eigenen Schutz selbstredend eine eigene Befestigungsanlage mit Toren, Türmen, Mauern, Schutzgräben und mit einer eigenen, beschaulichen Burg: Friedestrom.

Die gut erhaltene Befestigungsanlage Zons ist einzigartig im Rheinland. Im südwestlichen Teil der Stadtmauern erhebt sich zudem der aus Basaltquadern und Feldbrandsteinen gebaute Mühlenturm. Der war im Zuge des Stadtbaus zwischen 1373 und 1408 auf Order von Erzbischof Friedrich von Saarwerden vorrangig als Wach- und Wehrturm errichtet worden, diente jedoch von Anfang an vermutlich auch als Mühle. Etwa 1694 erfolgte der Umbau zur drehbaren Holländerwindmühle.

Nachdem der eigentliche Betrieb 1907 eingestellt worden war, ereilte das Bauwerk jenes Schicksal, das so viele mittelalterliche Denkmäler traf: der Verfall. Erst Mitte der 1960er-Jahre nahmen sich Heimatfreunde des zuletzt flügellosen Torsos an: Die Mühle wurde umfassend restauriert und mit neuen, per Elektromotor angetriebenen Flügeln versehen, die Besucher gegen Münzeinwurf von 50 Cent in Gang setzen können. Interessierten zugänglich ist heute nicht nur das komplett erhaltene Mahlwerk, sondern auch ein Teil des alten Wehrgangs. Eine Besichtigung lohnt sich bereits wegen des faszinierenden Rundblicks über die Zonser Altstadt und den Rheinbogen. Im Innern der Mühle erläutern Schautafeln auf jeder Etage und ein Modell der Mühle die Betriebsweise und die alten Techniken. Das innere Mauerwerk und die Flügel der Mühle wurden komplett instand gesetzt. Neu ist auch das vom Förder- und Heimatverein Zons betriebene kleine Mühlenmuseum im ehemaligen Sacklager.

■ **Informationen**

Mühle Zons
Mühlenstraße
Feste Zons
41541 Dormagen
Die Mühle ist in der Saison von März bis Oktober täglich geöffnet. Auskünfte erteilt der Heimat- und Verkehrsverein der Stadt Zons: Tel. 02133/37 72.
www.hvv-zons.de

■ In Dormagen half die NRW-Stiftung bei der Sanierung der mittelalterlichen Stadtmühle in Zons.

Mahlwerk und Wehrgang der Mühle Zons sind heute wieder für Besucher zugänglich.

2 FELD- UND WERKSBAHN-MUSEUM

Außergewöhnliche Anstrengungen, große Leidenschaft, Hartnäckigkeit und Ausdauer – das alles soll Schmalspur sein? Genau so ist es, denn „Schmalspur" meint an dieser Stelle spezielle Loks, die auf nur 60 Zentimeter breiten Schienen fahren. Die Mitglieder des Feld- und Werksbahnmuseums-Vereins Oekhoven in Rommerskirchen setzen sich mit Tatkraft und Engagement dafür ein, historische Bahnen zu restaurieren und fahrtauglich zu machen.

So groß wie ein Kleintransporter, aber zehnmal so schwer, rumpelt das 65 PS starke Modell „Hilax" nun wieder über die 800 Meter lange Museumsstrecke. Es hatte die Feldbahnromantiker in Rommerskirchen-Oekhoven viele Telefonanrufe, vor allem aber Zeit und Nerven gekostet, die beschädigte Jung-Dampflok wieder in Gang zu setzen.

Zunächst stand die ehemalige „Betriebslok" eines Bauunternehmers auf einem Kölner Spielplatz und rostete vor sich hin. 1982 konnten die ehrenamtlichen Mitarbeiter des Feld- und Werksbahnmuseums die Maschine retten und in die eigene, ständig überfüllte Werkstatt bringen. Doch fehlte nicht nur das entscheidende

Ersatzteil, eine spezielle Stahlpumpe, sondern auch das notwendige Geld für die Reparatur. Das mangelnde Ersatzteil lieferte eine Spezialfirma in Amerika.

Viel Aufwand für eine kleine Lok, doch in ganz Europa gibt nur noch neun Exemplare der „Hilax". Außerdem hängen an den Feld- und Werksbahnen zahlreiche Erinnerungen: Mit dem Modell in Rommerskirchen-Oekhoven transportierten viele Kölner nach dem Zweiten Weltkrieg die Trümmer aus der zerbombten Stadt. Die ehemaligen polnischen Zuckerrüben-Loren, Neuzugänge des Museums, stammen noch aus der Zeit vor dem Ersten Weltkrieg.

Und auch die Personenwagen der Schmalspur-Bahnen haben selbstverständlich eine eigene Geschichte. Einst fuhren sie die Menschen zu ihrem Arbeitsplatz in Bergwerken, Fabriken, auf Großbaustellen und in der Landwirtschaft. Nun sitzen Besucher des Museums in kleinen Waggons mit schlichten Holzbänken und lassen sich über das Gleisnetz der „Gillbachbahn" schaukeln.

Bereits die Fahrt zwischen Bahnhof und Werkstatt reicht für ein authentisches „Schmalspur-Erlebnis" aus: Ohne den Komfort einer weichen Federung zuckelt der Zug in gemütlicher Langsamkeit bis zur Werkstatt. Hier arbeiten die Vereinsmitglieder ständig daran, ihre Dampfloks zu restaurieren. Geplant ist künftig zudem eine Ausstellung über Stellwerkstechnik. Die über 5000 Besucher, die jährlich in das Museum kommen, wissen so viel „Schmalspur-Einsatz" zu schätzen. Vor allem zu Pfingsten und an den traditionellen Nikolausfahrten drängen sie sich am Bahnsteig. Schließlich werden sie von einem echten technischen Denkmal über die Bahnanlage des Vereins kutschiert. Eltern mit Kindern haben darüber hinaus die Gartenbahn auf dem Museumsgelände ins Herz geschlossen, Spurweite 7 1/4 Zoll. Auch ihr Abfahrtsbahnhof befindet sich direkt am „Bahnhof Oekoven". Und die Kleine ist bei den kleinsten Besuchern des Museums schlicht der Renner.

■ **Informationen**

Feld- und Werksbahn-museum Oekoven e.V.
Zur Werksbahn 1
41569 Rommerskirchen
Tel. 02183 / 80 683 77
www.gillbachbahn.de
Fahrbetrieb ist von Mai bis Oktober an jedem 1. Sonntag im Monat und zu einigen Sonderterminen.

■ **Kinder**

• Nikolausfahrten
• Gartenbahn

■ Die NRW-Stiftung half dem Feld- und Werksbahnmuseum Rommerskirchen beim Ausbau einer Fahrzeugunterstellhalle und der Instandsetzung einer Lokomotive.

3 GROTTENHERTENER WINDMÜHLE

Schon von weitem ist die imposante Grottenhertener Windmühle zu sehen. Inmitten der weitläufigen Ackerlandschaft der Jülicher Börde, etwa einen Kilometer östlich der Ortschaft Kirch-Grottenherten, reckt sich die Mühle wie ein Leuchtturm empor. Sie ist auch noch heute mit zwei Mahlgängen voll funktionsfähig und dreht ihre Flügel im Wind.

Die Erfolgsgeschichte der Mühlen begann 1798 mit der Abschaffung des sogenannten Mühlenbanns. Dieser sah vor, dass die Bauern verpflichtet waren, ihr Getreide in bestimmten zugewiesenen Mühlen mahlen zu lassen, welche sich im Besitz des jeweiligen Landesherrn befanden. Selbstredend hatten auch nur diese das Privileg, Mühlen zu errichten und zu betreiben. Mit dem Fall des Mühlenbanns entwickelte sich ein regelrechter „Mühlenboom" und rund um die Grottenhertener Mühle mahlte rund ein weiteres dutzend Windmühlen das Korn der Bauern.

Die Grottenhertener Windmühle wurde von einem gewissen Anton Iven erbaut, der sich mit seiner Frau Gertrud Rath in Grottenherten niederließ. Er kaufte gleich mehrere nebeneinander liegende Ländereien und riss die darauf befindlichen Gehöfte ab, um sich anschließend einen eigenen Gutshof aufzubauen. 1831 errichtete er etwa einen halben Kilometer außerhalb des Ortes dann die Mühle. Er muss recht erfolgreich gewesen sein, denn Mitte des 19. Jahrhunderts diente die Mühle mit den angrenzenden Wohngebäuden als Unterkunft für acht Personen.

Ebenfalls beachtenswert ist die Geschichte der nahe gelegenen Fachwerkscheune, die 1881 vom damaligen Müller in der Eifel gekauft, dort sorgsam ab- und neben der Mühle wieder aufgebaut wurde. In den 1930er-Jahren wurde ein Elektromotor installiert, der den Müller in die Lage versetzte, unabhängig von Wind und Wetter Korn zu mahlen. In der Grottenhertener Mühle wurde vom letzten Müllermeister Josef Bickendorf noch bis 1964 gemahlen.

■ **Informationen**

Förderverein zur Erhaltung der Grottenhertener Mühle
Mühlenstraße
50181 Bedburg
www.windmuehle-grottenherten.de

■ Die Grottenhertener Windmühle in Bedburg konnte mithilfe der NRW-Stiftung restauriert und wieder funktionstüchtig gemacht werden.

4 ALTES RATHAUS PULHEIM

Das ehemalige Rathaus am Marktplatz in Pulheim wurde 1925 errichtet. Es handelt sich um einen für die damalige Zeit klassischen zweigeschossigen Ziegelbau. Auf der Südseite befindet sich ein Rundturm, dessen markante spitzbogige Tore als Zugang zum Hauptportal dienen. Das Gebäude wurde von 1983 bis zu seiner Schließung 2006 als Stadtbücherei genutzt.

Dass das alte Rathaus heute in neuem Glanz erstrahlt, ist nicht zuletzt dem nachdrücklichen Einsatz und dem großen ehrenamtlichen Engagement der Pulheimer Vereine zu verdanken, die sich für den Erhalt des alten Rathauses eingesetzt haben. Dazu gehörten vor allem der Förderverein Altes Pulheimer Rathaus und die Pulheimer Karnevalsgesellschaft „Ahl Häre", die sich um das Gebäude gekümmert haben, nachdem es nach 2006 nicht mehr genutzt werden konnte. In vielen Gesprächen und mit hartnäckiger Überzeugungsarbeit gelang es vor allem den beiden Vorsitzenden dieser Vereine, insgesamt über eine Million Euro aus den vereinten Mitteln der Stadt, des Landes, des Landschaftsverbandes Rheinland und der NRW-Stiftung zusammen zu bringen. Mit zusätzlichen Eigenmitteln der Vereine konnte die Sanierung des denkmalgeschützten Rathauses realisiert werden.

Am 11.11.2010 war es dann endlich soweit, und mit der festlichen Neueröffnung konnten sich alle Beteiligten von der gelungenen Neugestaltung des Rathauses als „Haus der Vereine" überzeugen.

Im Erdgeschoss präsentiert sich nun ein heller Schankraum mit viel Holz, dessen Einrichtung ganz im Stile eines typisch gemütlichen Brauhauses gehalten ist. An der Stirnwand erstrahlt ein Gemälde des Künstlers Kaspar Adolph, auf dem viele bekannte Pulheimer Persönlichkeiten abgebildet sind. Die wunderschön restaurierte, vom Denkmalamt geschützte Treppe führt in einen großen Saal im 1. Stock, der Raum für 80 Gäste bietet, jedoch mit Hilfe eines verschieb-

■ **Informationen**

Altes Rathaus Pulheim
Venloer Straße 112
50259 Pulheim
www.pulheim.de

■ In Pulheim förderte die NRW-Stiftung die Anschaffung von Mobiliar für das „Haus der Vereine" im Alten Rathaus.

baren Paravents teilbar ist. Im 2. Stock schließlich befinden sich ein kleiner Versammlungs-
raum sowie Räume für die Büros der Vereine,
die für Treffen, Musikproben oder Ausstellungen zur Verfügung stehen.

5 KERAMION

Mittelalterliche Schalen, frühneuzeitliche Vorratsbehälter, moderne Skulpturen. Vom Gebrauchssteingut bis zur Keramikkunst dokumentiert das Keramion in Frechen anschaulich die Geschichte des Töpferhandwerks. Die Exponate, die aus den Elementen Feuer und Erde geschaffen wurden, sind ein Genuss für den Betrachter.

Das Zentrum für Keramik hat es sich zur Aufgabe gemacht, die Geschichte des Töpferhandwerks in Frechen zu veranschaulichen, die hier
bis ins 13. Jahrhundert zurückreicht. Mitte des
16. Jahrhunderts war insbesondere die Produk-
tion der so genannten Frechener „Bartmann-
krüge" ausgesprochen erfolgreich. Diese bau-
chigen Gefäße aus Rheinischem Steinzeug, die
ein bärtiges Männergesicht am schlanken Hals
ziert, wurden vor allem als Gebrauchsgeschirr

und Vorratsbehälter genutzt – und sogar bis nach Australien verschifft. Ein Platz im Wappen der Stadt war ihnen daher mehr als sicher.

Kulisse für die Darstellung dieser und anderer Töpfertraditionen ist ein geradezu futuristisches Bauwerk, das der Frechener Industrielle Dr. Gottfried Cremer nach den Plänen des Kölner Architekten Peter Neufert 1971 – zu seinem 65. Geburtstag – erbauen ließ. Der avantgardistische Bau des Keramions, der einer überdimensionalen Töpferscheibe – der Durchmesser beträgt 32 Meter – auf schlanken Stützen gleicht, steht seit 2002 unter Denkmalschutz.

Grundstock des Museums bildet die Privatsammlung mit über 5000 Stücken von Dr. Gottfried Cremer, für die Leiterin Gudrun Schmidt-Esters zuständig ist. Auf Cremer selbst geht vor allem die Entwicklung von keramischen Großplatten, „KerAion" genannt, zurück – Ende der 1960er-Jahre eine Sensation in der Fassadenverkleidung. Als Steinzeugindustrieller förderte und unterstützte Cremer zahlreiche Keramikkünstler.

Exponate aus den vergangenen Jahrhunderten vom Spätmittelalter bis in die Gegenwart ergän-

■ Die NRW-Stiftung half bei Erweiterungsmaßnahmen auf dem Gelände des Keramions in Frechen.

zen die Sammlung. Sie stammen aus dem Frechener Keramikmuseum, das 2002 ebenfalls in das Keramion gezogen ist.

Zum Angebot des Zentrums für moderne und historische Kunst gehört aber nicht nur die Dokumentation des Handwerks in der Ausstellung. Im Rahmen engagierter Museumspädagogik bietet das Keramion diverse Führungen – zugeschnitten auf Gruppen, Senioren, Kinder oder Sehbehinderte. Angeboten wird beispielsweise auch eine gut zweistündige Fahrradführung ins Umland, konkret: auf den Frechener Keramikweg, der 35 Stationen umfasst.

Seit 2010 konnte das museumspädagogische Angebot des Keramions ausgeweitet werden. In einem zusätzlichen Pavillon im Garten des Zentrums werden künftig größere Veranstaltungen für und mit Kindern stattfinden.

■ **Informationen**

Stiftung Keramion
Bonnstraße 12
50226 Frechen
Tel. 02234 / 69 76 90
www.keramion.de

■ **Kinder**

- Museumspädagogisches Programm
- Kinderführung „Nachts im Museum"
- Kindergeburtstage
- Schul- und Kindergartenprojekte
- Workshops

Rheinland-Rokkoko:
Schloss Augustusburg in
Brühl.

Das Schreibbüro des Kurfürsten Clemens August.

▪ **Informationen**
Schloss Augustusburg &
Jagdschloss Falkenlust
Schlossstraße 6
50321 Brühl
Tel. 02232 / 44 000
www.schlossbruehl.de

Öffnungszeiten:
Di-Fr 9-12 & 13.30-16 Uhr
Sa/So 10-17 Uhr
Beide Schlösser sind im
Dezember und im Januar
geschlossen.

▪ **Kinder**
• Führungen und Schloss-
  geschichten
• Schatzsuche im Park

▪ Die NRW-Stiftung finan-
zierte den Erwerb eines
Schreibsekretärs von Kur-
fürst Clemens August.

6 SCHLOSS AUGUSTUSBURG

Sie tragen einen großen Titel – und das zu Recht: Seit 1984 sind die Brühler Schlösser Augustusburg und Falkenlust sowie die dazu gehörenden Gärten UNESCO-Weltkulturerbe. Schloss Augustusburg überzeugte das Komitee dabei als „erste Schöpfung des Rokoko in Deutschland" vor allem durch seine ausgesuchte Opulenz und seinen Prunk. Gleiches gilt, wenngleich einige Nummern kleiner, auch für das nahe gelegene Jagdschloss Falkenlust. Kein Wunder, dass der Kölner Kurfürst und Erzbischof Clemens August aus dem Hause Wittelsbach Augustusburg zu seiner Lieblingsresidenz erkor. Auferstanden aus den Ruinen einer mittelalterlichen Wasserburg, diente sie ihm als Sommerresidenz. Das Jagdschloss, das in der Zeit von 1729 bis 1737 entstand und vor allem für seine aufwändig ausgeschmückten und dekorierten Kabinette bekannt ist, nutzte der Fürst zudem als privates Refugium. Ein Vergnügen, an dem auch der junge Mozart und Casanova teilhaben durften.

1725 nahm der westfälische Baumeister Johann Conrad Schlaun die Arbeiten am Schloss Augustusburg auf, drei Jahre später sorgte der kurbayerische Hofarchitekt François de Cuvilliés, der auch für Schloss Falkenlust verantwortlich zeichnet, für die Feinheiten – und machte Augustusburg zu dem, was es heute ist: ein Kleinod des Rokoko. Bis zur Vollendung der Arbeiten im Jahr 1768 legten außer de Cuvilliés noch eine Vielzahl von Künstlern, Malern, Bildhauern und Stukkateuren, ein jeder Meister seines Fachs, Hand ans Schloss. Darunter Balthasar Neumann, auf den die berühmte Prunktreppe zurückgeht, sowie Carlo Carlone, dessen Deckenfresken und Gemälde jedem Besucher den Atem rauben.

Doch das Schloss überzeugt nicht nur durch seine Architektur und sein prunkvolles Innenleben – auch das Umfeld fasziniert, vor allem die barocke Gartenanlage, die ab 1728 nach französischem Muster entstand. Sachgemäß wiederhergestellt und liebevoll gepflegt gehört sie heute

zu den vielleicht authentischsten Gartenanlagen des 18. Jahrhunderts in Europa. Die Waldanlagen wiederum erhielten ihr unverwechselbares Gesicht ab 1840 – nach dem Muster eines englischen Landschaftsgartens. Waldflächen und Wiesen, durchzogen von mäandernden Wegen, kleinen Bachläufen und zwei Inselweihern – wer sich bei einem Spaziergang in der Natur erholen will, ist hier genau richtig.

Eine Besichtigung von Schloss Augustusburg sollte man mit einem Besuch im Jagdschloss Falkenlust kombinieren. Mitten in einem Wäldchen gelegen, garantierte es der Jagdgesellschaft kurze Wege, insbesondere was die von Clemens August favorisierte Falkenjagd anging. Ohne weiteres ließen sich von hier aus Reiher auf ihrem Weg von den Horsten im Park von Schloss Augustusburg zu ihren Fischgründen im Altrheingebiet durch die ebenfalls geflügelten Jäger des Fürsten „abfangen".

Heute befinden sich die Brühler Schlösser im Eigentum des Landes. Besucher können sich bei geführten Besichtigungstouren selbst ein Bild von der Opulenz der Augustusburg machen. Fal-

Einen kurzen Spaziergang von Schloss Augustusburg entfernt liegt das Jagdschloss Falkenlust.

SEHENSWERT

Kapelle

Nahe dem Lustschloss entstand ab 1730 im Falkenlust-Busch eine der Maria Aegyptiaca geweihte Kapelle. Baumeister war Peter Laporterie, der das Oktogon im Stil einer Eremitengrotte mit Muscheln und Kristallen auskleidete.

kenlust gar lässt sich nach Voranmeldung auf eigene Faust erkunden. Zudem setzen Themenführungen in beiden Schlössern und im Park ungewöhnliche Akzente: Unter dem Motto „Anekdoten & Plaudereien", „Zerbrechlicher Luxus" oder „Fest und Tanz bei Hofe" nähern sich die bürgerlichen Gäste Schritt für Schritt der höfischen Etikette an, lernen so einiges über Korsette, Flohfallen oder die Fächersprache der Damen, über Staatsempfänge der Gegenwart – ab

1949 wurde Augustusburg viele Jahrzehnte lang als Repräsentationsschloss der Bundesregieung genutzt –, über die mittelalterlichen Kellergewölbe oder die Geheimfächer von Möbelstücken. Falkenlust ergänzt dieses Programm durch Geschichten aus dem Privatleben des Fürsten. Und auch für die jungen Besucher ist gesorgt – mit eigenen Touren durch beide Schlösser, aufgezogen an spannenden Schlossgeschichten oder einer Schatzsuche im Park.

Schloss Augustusburg war die Lieblingsresidenz des Kölner Kurfürsten und Erzbischofs Clemens August aus dem Hause Wittelsbach.

7 MUSEUM FÜR ALLTAGSGESCHICHTE

Für gewöhnlich zeigt ein Museum dem Besucher möglichst Ungewöhnliches. Nicht so das Museum für Alltagsgeschichte in Brühl. Die gesammelten Gebrauchsgegenstände führen dem Betrachter das schnörkellose Leben der einfachen Menschen in vergangenen Jahrhunderten vor Augen. Ungewöhnlich ist hingegen die Präsentation der Ausstellungsstücke: Der Besucher findet sich in einer großen Kunstinstallation wieder.

Abgenutzte Gebrauchsgegenstände, zerschlissene Kleidung, spartanische Einrichtung – die

Vielfalt der Exponate aus mehreren Jahrhunderten täuscht nicht über die vergleichsweise harten Lebensbedingungen der Mittel- und Unterschicht vergangener Epochen hinweg. Im Gegenteil: Die umfangreiche Sammlung zur Kultur- und Sozialgeschichte, die der Künstler und Stadtforscher Günter Krüger im Alltagsmuseum zusammengetragen hat, imponiert durch Authentizität. Den „echten" Charakter verdankt die Ausstellung nicht zuletzt dem Präsentationsort in der Kempishofstraße 15. Das Gebäude bereichert schon seit 260 Jahren das Stadtbild und ist das älteste erhaltene Fachwerkhaus in Brühl.

Für das einst vom Weinhändler und kürfürstlichen Hoflieferanten Simon Hareko erbaute Haus, war Anfang der 1990er-Jahre eine Sanierung überfällig. Im Rahmen der Renovierungsarbeiten haben die Räumlichkeiten nun wieder zu ihrem Originalzustand zurückgefunden. Seitdem beherbergen sie das Museum für Alltagsgeschichte. Mit „Witz, Fantasie und Engagement", so das Urteil eines Besuchers, zeigt Krüger „auf engstem Raum die Wirklichkeit der damaligen

Zeit". Sein Ausstellungskonzept spricht an. So liefert der Vergleich von früheren mit heutigen Lebensumständen manchem Besucher ein überraschendes Aha-Erlebnis. Guckkästen präsentieren zudem dreidimensionale Stillleben. Ein Raum widmet sich der Brühler Keramik des Mittelalters, ein anderer beherbergt einen Herdraum aus dem 18. Jahrhundert.

Damit bietet die Ausstellung einen wohltuenden Kontrapunkt zum Brühler Lustschloss Augustusburg: Das Alltagsmuseum zeigt eher das Leben derer, die Steine zum Bau des prächtigen Schlosses herbeischafften. Die Augustusburg ist unterdessen längst nicht mehr der einzige Blickfang in Brühl. Die Restaurierung des Hauses in der Kempishofstraße 15 führte zu einer unerwarteten und erfreulichen Aufwertung der nordwestlichen Altstadt. Von Gebrauchsspuren gezeichnet sind hier nur noch die Exponate des Alltagsmuseums: Mittlerweile ist das gesamte Viertel ein eingetragener Denkmalbereich.

Teil der so entstandenen „Brühler Museumsinsel" ist neben dem Museum für Alltagsgeschichte auch das benachbarte Brühler KeramikMuseum. Hier sind beispielsweise Badorfer,

Zeugen alter Stadtgeschichte: Exponate aus dem Brühler KeramikMuseum (unten und rechts).

Pingsdorfer und Brühler Gefäßkeramiken zu sehen – Zeitzeugen einer langen Brühler Töpferhandwerk-Geschichte, die vom 7. Jahrhundert bis 1530 währte. Töpferwaren aus dem Rheinland waren zur damaligen Zeit begehrte Handelsgüter auf den europäischen Märkten.

Bedeutende Kulturgüter, die eines entsprechenden räumlichen Rahmens bedürfen – und diesen in einem Fachwerkgebäude aus dem 19. Jahrhundert gefunden haben. Fachgerecht saniert beherbergt das Gebäude an der Kempishofstraße 10 heute neben dem Museum auch eine Töpferwerkstatt, in der nach wie vor Keramiken hergestellt werden – durchaus auch nach altem Vorbild. Eine eigene Museumstöpferin erteilt Besuchern nach Anmeldung dabei auch gerne Einzelunterricht in der hohen handwerklichen Kunst an der Töpferscheibe.

■ Informationen

Museum für
Alltagsgeschichte
Kempishofstr. 15
50321 Brühl
Tel. 02232 / 483 25
www.bruehler-museums-insel.de

Öffnungszeiten:
Mi 15-17 Uhr
Sa 15-17 Uhr
So 11-13 und 15-17 Uhr
Führungen nach Vereinbarung

Brühler KeramikMuseum
Kempishofstr. 10
50321 Brühl
www.bruehler-museums-insel.de

Öffnungszeiten des Keramikmuseums:
Mi 15-17 Uhr
Sa 15-17 Uhr
So 11-13 und 14-18 Uhr

■ Kinder
• Geburtstagstöpfern im KeramikMuseum

■ In Brühl half die NRW-Stiftung bei der Sanierung eines Fachwerkhauses aus dem 18. Jahrhundert und dessen Einrichtung zu einem „Museum für Alltagsgeschichte".

8 GYMNICHER MÜHLE

Die Mühle Gymnich liegt inmitten einer herrlichen Auen- und Bördenlandschaft an der Erft, genauer: mitten im Landschaftspark Erftaue. Erstmalig erwähnt wird die Gymnicher Mühle 1315 in einer Urkunde des Stiftes St. Ursula zu Köln. Experten gehen allerdings davon aus, dass die Ursprünge noch weiter zurückreichen, vermutlich bis ins 9. Jahrhundert und in die Zeit der Karolinger.

Die Mühle diente zum Mahlen von Getreide und Ölsaaten wie Lein und wurde noch bis zum Ende des Zweiten Weltkrieges in Betrieb gehalten. 1948 wurden Technik und Mahlwerk demontiert, lediglich das Mühlrad und die wasserbaulichen Anlagen sind unversehrt geblieben. Diese und das eigentliche Mühlenhaus erhielten 1984 den Rang eines offiziellen Baudenkmals des Landes. Dennoch sollten weitere elf Jahre ins Land gehen, bis sich der Mühlenverband Rhein-Erft-Rur (MVRER) des Ensembles annahm und es endgültig vor dem Verfall bewahrte. Und mehr noch: Die dreiflügelige Mühlenhofanlage sollte, darin waren sich die Verantwortlichen einig, einen neuen Bestimmungszweck erhalten. Das Ziel war ein Informationszentrum zur Natur- und Kulturgeschichte der Erftaue. Der Weg dorthin war lang: Mehrere Jahre dauerten die umfangreichen Sanierungs- und Umbaumaßnahmen unter Federführung des MVRER. Überhaupt erst möglich wurden diese dank zahlreicher finanzieller Förderer, darunter neben dem „Förder- und Gönnerkreis Gymnicher Mühle" auch die NRW-Stiftung.

Heute dient die alte Mühle dem MVRER sowie dem Naturpark Rheinland als Informations- und Veranstaltungszentrum, das im Rahmen des Deutschen Mühlentages am 13. Juni 2011 eingeweiht wurde. Besucher erhalten im Naturparkzentrum Gymnicher Mühle nun umfangreiche Informationen über den Erlebnisraum Landschaftspark Erftaue und können in einer Dauerausstellung der Landschafts- und Siedlungsge-

■ **Informationen**

Naturparkzentrum Gymnicher Mühle UG
Gymnicher Mühle 1
50374 Erftstadt-Gymnich
Tel. 02237 / 65 74 38
www.naturparkzentrum-gymnichermuehle.de

Falknerei Pierre Schmidt
Gymnicher Mühle 1
50374 Erftstadt-Gymnich
Tel. 0172 / 17 73 443

■ **Kinder**

• umfangreiches Naturerlebnis- und Umweltbildungsprogramm
• Erlebnisbäckerei
• Falknerei

■ Die NRW-Stiftung unterstützte Sanierungsmaßnahmen an Gebäuden der „Gymnicher Mühle" in Erftstadt.

In der benachbarten Falknerei kann auch der König der
Lüfte, der Adler, bewundert
werden.

schichte der Region nachspüren. Und das nicht
nur im Zentrum selbst, sondern auch in der
direkten Umgebung, wo ein gut beschildertes
Wegenetz für Radfahrer und Wanderer durch die
Bruch- und Auenlandschaft führt. Insbesondere
Radwanderern bietet die Gymnicher Mühle mittlerweile auch die Möglichkeit zur Übernachtung
in eigenen Räumlichkeiten, Frühstück inklusive.
Zudem hat das Mühlendokumentationszentrum
auf dem Gelände der historischen Anlage seinen
festen Platz gefunden und koordiniert von Gymnich aus Fachtagungen und Seminare.

Für die Zukunft gibt es ehrgeizige Pläne. Mit
weiteren Kooperationspartnern plant der Mühlenverband in den kommenden Jahren die Fertigstellung eines 1,3 Hektar großen „Wasserer-
lebnisplatzes", der Kindern und Erwachsenen
das Element Wasser mit allen Sinnen erlebbar
machen soll: Für die Kleinen auf spielerische
Weise, etwa über einen Wasserspielplatz. Für
die Älteren anhand verschiedener Stationen zu
den Themen Wasserkreislauf und Wasserwirt-
schaft. Doch auch das bereits bestehende um-
weltpädagogische und kulturelle Progamm der
Gymnicher kann sich sehen lassen und reicht

übers Jahr verteilt vom regelmäßigen musikalischen Frühschoppen in der hauseigenen Gaststätte über den Mühlenmarkt und Wechselausstellungen bis hin zur Mühlenweihnacht.

Besonders beliebt bei den Gästen ist zudem das Angebot eines Nachbarn: Die Falknerei Pierre Schmidt und das dazu gehörende Greifvogelzentrum liegen in unmittelbarer Nähe der Mühle. Hier lassen sich vor allem Schulklassen gerne von Adlern, den Königen der Lüfte, majestätischen Eulen, Bussarden und pfeilschnellen Falken faszinieren. Regelmäßige Flugschauen, Falkner-Seminare, aber auch Fotoworkshops für Laien vermitteln hautnahen Kontakt zu den Tieren und liefern tiefe Einblicke in deren Wesen und Lebensräume. Die Falknerei ist ganzjährig geöffnet, in ihrem Programm jedoch den Witterungsbedingungen unterworfen.

SEHENSWERT

Schloss Gymnich
Die Wasserburg in der Erftaue liegt am Rheinischen Sagenweg und wurde 1354 von Heinrich I. von Gymnich erbaut. Das denkmalgeschützte Gebäude diente unter anderem der Kelly Family als Wohnort, war Kulisse der Fernsehserie „Lena – Liebe meines Lebens" und ist heute ein Hotel und Veranstaltungsort mit Gastronomie.

■ Informationen
www.erftstadt-gymnich.de

9 RÖMERTHERMEN ZÜLPICH

■ Informationen
Museum der Badekultur /
Römerthermen Zülpich
Mühlenberg 5
53909 Zülpich
Tel. 02252 / 83 80 60
www.roemerthermen-
zuelpich.de

Öffnungszeiten:
Di-Fr 10-17 Uhr
Sa/So/Fei 11-18 Uhr

■ Kinder
• Seit Januar 2010 hat
  das Museum eine ei-
  gene „Kinderebene"
• Geburtstagsfeiern
• Führungen für Schul-
  klassen
• Workshops
• Museums-Comic

Der Staub der Jahrhunderte kann manchmal recht trocken sein. Umso erfrischender ist das Eintauchen in die Vergangenheit dafür in den „Zülpicher Römerthermen". Denn genau da, wo sich einst römische Landsleute in wohlig warmem Wasser entspannten, können die Besucher heute Geschichte direkt aus der Quelle schöpfen. Sie erleben dabei nicht nur eine der bedeutendsten archäologischen Ausgrabungen Deutschlands, das „Museum der Badekultur" bietet auch so manches Kuriosum aus zwei Jahrtausenden Körperpflege – von der antiken Badelatsche bis zur wilhelminischen „Schaukelbadewanne".

Archäologische Ausgrabungen wie in Zülpich sind für Laien nicht immer leicht zu überblicken. Das Zülpicher Museum setzt daher in seiner Ausstellung stark auf „erlebbare Geschichte" – und auch auf Blicke über den römischen Tellerrand hinaus. Gleich zur Einstimmung werden dem Besucher beispielsweise die Badekulturen der Welt förmlich „zu Füßen" gelegt. Beim Betreten einer künstlichen Wasserfläche tauchen wie von Geisterhand Bildprojektionen zu einer virtuellen „Badereise um die Welt" auf.

Der anschließende Rundgang durch die römische Ausgrabung macht die Funktionsweise des Badehauses leicht nachvollziehbar. Blaues und rotes Licht signalisiert etwa, wo man kalt oder warm badete. Die Überreste der antiken Fußbodenheizung – wegen deren Effizienz man im Heißbad besser Sandalen trug – sind besonders sehenswert. An fünf Stellen wurden früher in den Zülpicher Thermen Feuer unterhalten, um genügend warme Luft zu erzeugen. Sogar ein paar Reste echt „antiker" Holzkohlenasche haben sich aus dieser Zeit bis heute erhalten.

„Waschechte" Ausstellungsstücke – beispielsweise eindrucksvolle römische Badewannen – gibt es in Zülpich zum Glück genug. Der Besucher sollte seine Blicke aber auch auf die hauchfeinen Gazetücher über der Ausgrabung richten: Dort kann er per Filmprojektion am

Thermenbesuch der beiden Römer C. Octavius Maternus und M. Calpurnius Rufus teilnehmen. Das „Museum der Badekultur" führt den Besucher auch ins vermeintlich so finstere Mittelalter. Doch mochten die Badestuben der mittelalterlichen Städte an die technische Ausstattung römischer Thermen auch nicht heranreichen – die Menschen hatten hier gleichwohl ihre Badebräuche und ihren Badespaß. Die Annahme allerdings, es sei in mittelalterlichen „badstuben" besonders sittenlos zugegangen, beruht zumeist auf einer Verwechslung mit Bordellen. In den meisten „normalen" Badehäusern herrschte zu jener Zeit strikte Geschlechtertrennung.

Ein unterhaltsamer Rundgang durch die Geschichte des Badens im 19. und 20. Jahrhundert bildet den Abschluss des Zülpicher Museums. Zu den spannendsten Themen gehört dabei zweifellos der allmähliche Siegeszug des privaten Badezimmers. Es war der Aufbau effektiver Wasser- und Abwassersysteme, der die Voraussetzungen schuf, um aus dem Badezimmer die feste Installation zu machen, wie wir sie heute täglich nutzen.

Das Spiel mit Licht, Schatten und Projektionen macht das Museum zusätzlich interessant.

■ Die NRW-Stiftung unterstützte in Zülpich die Einrichtung des Museums „Römerthermen Zülpich – Museum der Badekultur".

10 SCHWANEN-APOTHEKE

„Willst Du im Alter Dich als Jüngling regen, musst Du den Magen mit Stephinsky pflegen."

Werbeslogan für Stephinsky-Magenbitter

Ein schwebendes Krokodil über der Ladentheke, ein Giftschrank, allerhand duftende „Drogen" und ein nach streng gehütetem Geheimrezept gemischtes Gebräu – diese und weitere Kuriositäten erwarten die Besucher des Apothekenmuseums in Bad Münstereifel. Auf den Regalböden liegen historische Schätze: alte Fläschchen, Tiegel und Gerätschaften. Mutige schnüffeln in der „Riechstraße" an allem entlang, was der Lehrkasten des Apothekers hergibt. Nicht alles, was heilt, ist jedoch auch eine Wohltat für empfindliche Geruchsorgane: Wer seine Nase zu tief in Teufelsdreck oder Radix Valerianae, die Baldrianwurzel, gesteckt hat, dem hilft vielleicht nur noch ein kräftiger Schluck vom hauseigenen Stephinsky-Magenbitter.

Fast zwei Jahrhunderte lang haben sich die Menschen in der Schwanen-Apotheke Pillen und Mittelchen gegen Leiden und Gebrechen geholt. Im August 1994 hat die Familie, in deren Besitz sich die Apotheke bereits seit sieben Generationen befindet, ihr Geschäft verlegt. Der Förderkreis für Denkmalpflege der Stadt Bad Münstereifel e.V. hat daraufhin das malerisch an der Erft gelegene Gebäude erworben, restauriert und im Sommer 1997 als Museum eröffnet.

Die Originaleinrichtung der Offizin, des Arbeits- und Verkaufsraums, ist noch fast vollständig erhalten. In Apothekerschränken mit unzähligen Schubladen verbergen sich historische Arzneimittelpackungen, deren Inhalt beispielsweise gegen Kopfschmerzen und bei Insektenbissen helfen sollte. Ein echter Blickfang ist das ausgestopfte Krokodil über der Ladentheke: ein Relikt aus der Zeit der Alchimistenküchen.

Neben einem Laborofen aus dem 19. Jahrhundert erinnern historische Geräte an frühere Zeiten: Zäpfchenpresse, Gefäße zur Aufbewahrung von Blutegeln oder Gießformen für Höllensteinstifte zum Wegbrennen von Warzen – all das ist nichts für schwache Nerven. Weniger schauerlich sind da der Maulaffe, ein Glasgefäß mit gro-

■ Die NRW-Stiftung half beim Erwerb und der Renovierung der alten Schwanen-Apotheke in Bad Münstereifel.

ßer Einfüllöffnung oder der Pillenvergolder. Mit ihm ließen sich die Kügelchen so beschichten, dass sie nicht aneinander klebten. Der Bibliotheksraum beherbergt einige kostbare und seltene Bücher, beispielsweise die „Armen-Apothecke" von 1730 mit Pest-Tabelle und Hinweisen zur Zusammenstellung einer Reiseapotheke.

Entlang der „Riechstraße", die durch das ehemalige Materiallager im Obergeschoss führt, bilden Schlafmohn, Spanische Fliege und Kurkuma eine Herausforderung an die Riechnerven der Besucher. Jede dieser „Drogen" ist auf den Schüben der Regalwand abgebildet und in ihrer medizinischen Anwendung beschrieben. Viele der regionalen Heilpflanzen wachsen im hauseigenen Kräutergarten. Aus dem hätte sich sicher auch Franz Maria Ferdinand Stephinsky gern bedient. Der geschäftstüchtige Apotheker braute 1859 aus 27 Zutaten einen Magenbitter, der heute noch nach seinem geheimen Rezept produziert wird und weit über die Grenzen Bad Münstereifels hinaus bekannt ist. Stephinsky sorgte schon damals fürs Marketing: „Willst Du im Alter Dich als Jüngling regen, musst Du den Magen mit Stephinsky pflegen." Er selbst erreichte übrigens das stolze Alter von 94 Jahren. Ob das allein seinem Gesundheitsbitter zu verdanken ist, darf jedoch bezweifelt werden.

■ **Informationen**

Apotheken-Museum
Wertherstraße 13-15
53902 Bad Münstereifel
Tel. 02253 / 76 31
www.bad-muenstereifel.de

Öffnungszeiten:
Di-Fr 14.30-17 Uhr
Sa/So/Fei 11-16 Uhr
Für Führungen und Gruppen sind ganzjährig zusätzliche Öffnungszeiten nach telefonischer Absprache möglich. Informationen in der Kurverwaltung:
Tel. 02253 / 54 22 44
Tel. 02253 / 54 22 33

■ **Kinder**

www.nrw-entdecken.de

11 ASTROPEILER

Weithin sichtbar ragt die futuristisch anmutende Stahlsilhouette zwischen Blankenheim und Euskirchen in der Nordeifel empor. Deutschlands ehemals größtes Radioteleskop, der Astropeiler auf dem Stockert, hinterlässt bereits von weitem einen bleibenden Eindruck. Doch was den Schein von Zukunft trägt, birgt museale Technik in sich.

Nachdem sich die Universität Bonn in den 1990er-Jahren von dem ehemaligen Prestigeobjekt trennte und die Zukunft des Radioteleskops

lange ungewiss war, geht es mittlerweile auf dem Gipfel des Stockert wieder bergauf. Heute kümmert sich der „Förderverein Astropeiler" um den Erhalt des technischen Wahrzeichens. Eine Ausstellung illustriert die wechselhafte Geschichte des Technikdenkmals.

Radioteleskope registrieren unsichtbare kosmische Strahlung. Ihre hohlspiegelförmigen Antennen arbeiten dabei genau so wie eine Antennenschüssel für den privaten Fernseher. Doch anstatt auf Fernsehsatelliten zu zielen, richten Radioastronomen ihre Parabolantennen auf Sterne und andere kosmische Objekte. Die empfangene Strahlung gibt nach einer grafischen Aufarbeitung viele Details über ihren Herkunftsort preis. Bevorzugt suchen sie dunkle Gaswolken zwischen den Sternen, erloschene Sonnen oder schnell rotierende, kompakte Pulsare, die mit optischen Teleskopen selbst nachts nicht zu sehen wären.

Seine exponierte Lage machte den Horchposten auf dem Stockert im Kalten Krieg auch für die Militärs nützlich. Sie überwachten mit dem Astropeiler in der Eifel den Luftraum im Osten: Der Parabolspiegel lässt sich bis zwei Grad unter den Horizont kippen und konnte so von der Bundeswehr als Radargerät mit Überreichweite genutzt werden. Als danach auch die Forscher der Universität Bonn das Radioteleskop nicht mehr nutzten, sorgte der Förderverein Astropeiler e.V. für eine Unterschutzstellung des Astropeilers als bewahrenswertes Denkmal der Technikgeschichte. Den Besucher erwartet eine kleine Ausstellung, und für Schulen ist der Stockert zum außerschulischen Lernort geworden. Das Technikdenkmal ist bestens geeignet, Kindern einen Zugang zu Fächern wie Mathematik, Informatik, Technik und Physik zu verschaffen. Dazu haben die Mitglieder des Fördervereins eigens Unterrichtspakete für die Vorschule bis zur Sekundarstufe II entwickelt. Ein Schwerpunkt liegt dabei auf der Praxis. Fernrohre zu bauen oder mit einem Sextanten zu navigieren macht den Unterricht plötzlich richtig spannend.

■ **Informationen**
Astropeiler Stockert 1
53902 Bad Münstereifel-
Eschweiler
www.astropeiler.de
Allgemeine Anfragen an
den Verein unter
info@astropeiler.de

Öffnungszeiten:
Der Förderverein bietet
von Mai bis Oktober je-
weils sonntags um 14 Uhr
einen öffentlichen Fach-
vortrag und eine Führung
durch die Anlagen an.

■ **Kinder**
www.nrw-entdecken.de

■ Die NRW-Stiftung er-
warb das Radioteleskop
auf dem Stockert in Bad
Münstereifel und restau-
rierte das bedeutende
Technikdenkmal.

12 PERLENBACHTAL

Die Narzissentäler der Eifel sind Zeugnis alter bäuerlicher Wirtschaftsformen und Heimat vieler schutzbedürftiger Tiere und Pflanzen. Das Perlenbach- und Fuhrtsbachtal bei Monschau und das Olfetal bei Hellenthal sind heute vielen Wanderern und Naturfreunden auch deshalb bekannt, weil hier die wild wachsende Gelbe Narzisse die Wiesen alljährlich ab Mitte April in ein gelbes Blütenmeer verwandelt. Diese Narzisse (Narcissus pseudonarcissus) wächst nur in den niederschlagsreichen Regionen Westeuropas. In Deutschland kommt sie nur im Hunsrück und – inzwischen wieder mit vielen Millionen Exemplaren – hier in der Rureifel vor. Ein Besuch lohnt aber auch zu den anderen Jahreszeiten, denn die wildromantischen Bachtäler bieten viele reizvolle und interessante Naturbeobachtungen.

Die abgelegenen Täler wurden wahrscheinlich schon im 12. Jahrhundert gerodet und mehr als 600 Jahre lang landwirtschaftlich genutzt – das Heu brauchte man als Winterfutter für das Vieh.

Durch die so genannten Flüxgräben wurden die Wiesen jeweils im Vorfrühling mit schwebstoffreichem Bachwasser gedüngt und erst im Juli gemäht. So konnten über Jahrhunderte narzissenreiche Bärwurzwiesen und blumenbunte Feuchtwiesen erhalten bleiben. Weil die Heuernte nicht mehr lohnte, wurden ab etwa 1950 viele Talwiesen mit Fichten aufgeforstet, und die Flüxgräben gerieten in Vergessenheit. Unter dem Schatten der Fichten und der dichten Nadelstreu verschwand nach und nach die bunte Pracht der Wiesenblumen und mit ihr die Vielfalt an Schmetterlingen, Käfern und Vögeln. Um diese Fehlentwicklung zu stoppen, wurden die Täler unter Naturschutz gestellt. Ende der 1980er-Jahre begann man auf Initiative der NRW-Stiftung und des Naturparks Nordeifel damit, die Fichten und andere standortfremde Gehölze im Perlen- und Fuhrtsbachtal zu entfernen. Im benachbarten Oleftal hatte man mit Unterstützung der Loki Schmidt-Stiftung damit einige

Jahre zuvor schon gute Erfahrungen gemacht, und auch im Perlenbachtal konnte sich der Artenreichtum in den Wiesen, Sümpfen, Mooren und Auenwäldern wieder entfalten. Die Narzissentäler gehören heute zu den besonders wertvollen Naturschutzgebieten in Nordrhein-Westfalen. Allein im Perlenbach- und Fuhrtsbachtal kommen etwa 360 Arten von Farn- und Blütenpflanzen, mehr als 70 Moosarten, 45 Weichtierarten (Schnecken und Muscheln), 35 Tagfalter- und mindestens ein Dutzend Libellenarten vor; außerdem sieben heimische Fischarten und das Bachneunauge, neun Amphibien- und Reptilienarten, über 80 Vogel- und mehr als 40 Säugetierarten. Von diesen Arten sind über 120 in Nordrhein-Westfalen gefährdet – Naturkenner entdecken hier etwa den Blauschillernden Feuerfalter, die Wasseramsel, die gebänderte Prachtlibelle, Bärwurz, Arnika und die sehr seltene gelb blühende Moorlilie.

Auf Wanderwegen bieten die Eifeltäler heute wieder das Landschaftsbild früherer Zeiten mit freier Sicht in die offenen Täler. Vor allem während der Narzissenblüte im April sind die Narzissenwiesen ein beliebtes Ausflugsziel für Tausende von Naturliebhabern. Auf Vermittlung des Fördervereins der NRW-Stiftung wirbt zudem seit 1997 der bekannte Fernsehjournalist Jean Pütz für die Schönheit und den Schutz dieser Eifeltäler. Er selbst ist regelmäßig Gast der „Narzissenfeste", die hier alljährlich im Frühjahr im Olef- und im Perlenbachtal stattfinden.

■ **Informationen**
Naturhaus Seebend
Hauptstr. 123
52156 Monschau-Höfen
(von dort aus Beschilderung folgen)

Öffnungszeiten:
Mittwochs nachmittags
nach telef. Vereinbarung

Eifelverein Ortsgruppe
Höfen, Hauptstr. 123,
52156 Monschau-Höfen
Tel. 02472 / 34 18
(Regina Scholl)
www.eifelverein-hoefen.de

Biologische Station im
Kreis Aachen e. V.
Zweifaller Str. 162
52224 Stolberg
Tel. 02402 / 12 61 714
www.bs-aachen.de

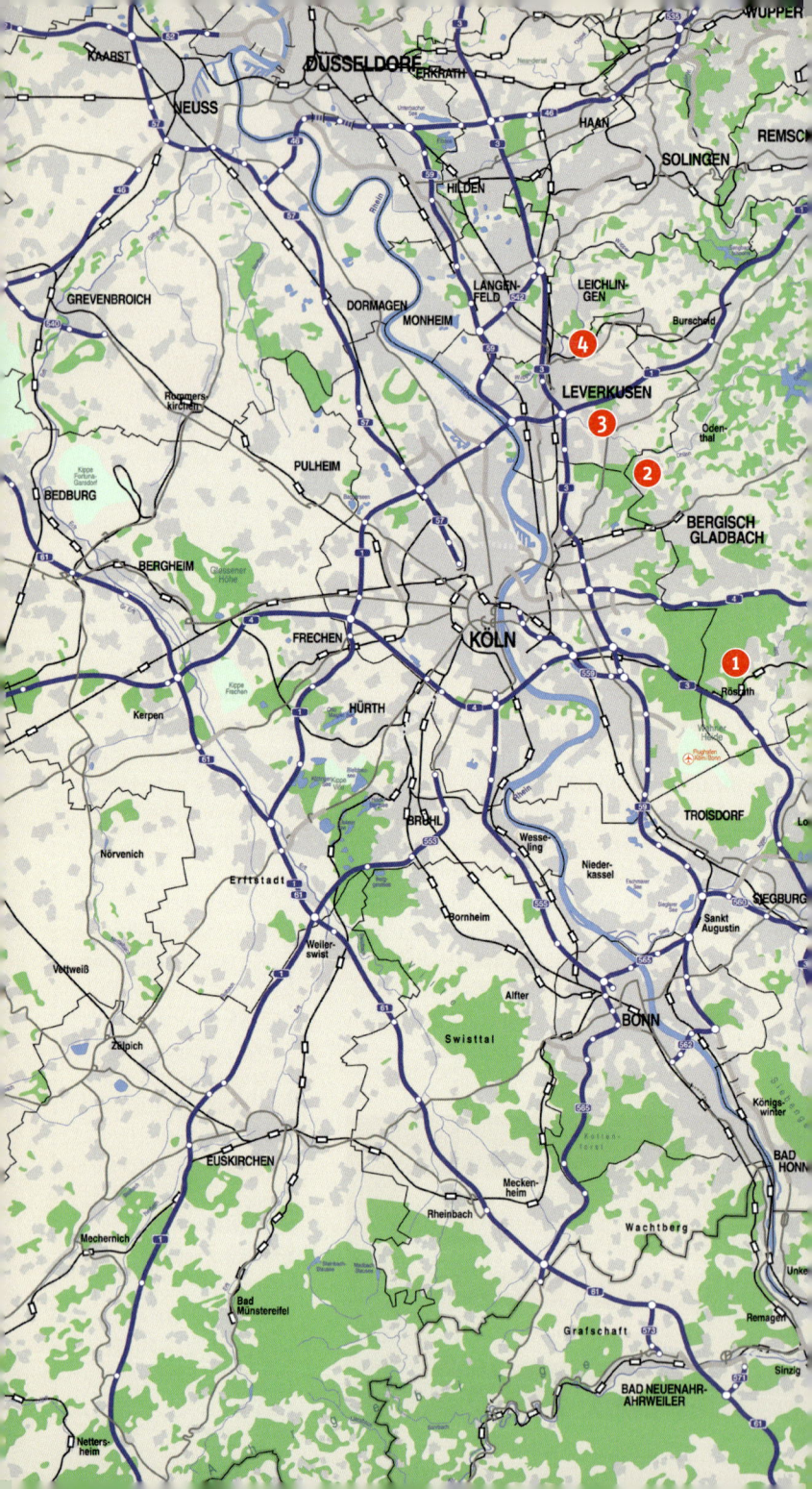

RUND UM KÖLN (RECHTSRHEINISCH)

SEHENSWERTES AUF DER SCHÄL SICK

Köln wurde vor 2000 Jahren am linken Rheinufer gegründet. Kölner, die links des Flusses wohnen, bezeichnen die rechte Rheinseite daher ein bisschen spöttisch als „Schäl Sick" – was übersetzt die „falsche" oder „schielende" Seite bedeutet. Der Ausdruck geht angeblich auf das Schielen oder Blinzeln der Treidelpferde zurück, die vor der Erfindung der Dampfschifffahrt schwere Lastkähne gegen die Strömung flussaufwärts ziehen mussten. Während sie auf den Treidelpfaden entlang des rechten Ufers dahintrotteten, wurden sie durch das glitzernde Wasser des Stroms geblendet und mussten daher „schäle", sprich: blinzeln. Ob die Erklärung wirklich stimmt oder nur eine gut erfundene Geschichte ist, weiß aber niemand so genau – typisch Rheinland eben!

Bild oben:
Die Dhünntalsperre ist für Besucher neu erschlossen, der neue „Dhünnkorridor" führt durchgängig bis zum Rhein.

Die Leute, die heute auf der „Schäl Sick" wohnen, wird das nicht stören. Sie haben zwar nicht
die linksrheinische Eifel; dafür aber das ebenso
attraktive Bergische Land vor ihrer rechtsrheini-
schen Haustür. Auf der rechten Rheinseite ist
entlang der Wupper, der Dhünn und sogar auf
Kölner Stadtgebiet am Mühlenbach Strunde eine
Kulturlandschaft erhalten, die aufmerksamen
Beobachtern vor den Toren der Millionenstadt
naturnahe Erholungsgebiete mit zahlreichen
Zeugnissen der Besiedlung, der frühen Landwirtschaft und aus den Anfängen der Industrialisierung bietet. Dazu gehören Ausflugs-Klas-
siker wie das Papiermuseum Alte Dombach in
Bergisch Gladbach und die denkmalgeschützten
Schleifkotten entlang der Wupper, in denen die
Geschichte der Solinger Schneidekunst begann.
Die Regionale 2010 – ein Strukturförderpro-
gramm des Landes NRW – hatte einen Schwerpunkt im Ballungsraum entlang des Rheins und
gab hier im Übergang zum Bergischen Land
wichtige Impulse für die Gestaltung der Heimat:
Neben überregional bekannten Ausflugszielen
wie dem Altenberger Dom in Odenthal, dem
Bensberger Schloss in Bergisch Gladbach und
Schloss Burg in Solingen können durch die Regionale 2010 etliche Natur- und Kulturschätze neu
entdeckt werden. So wurde die wertvolle Kulturlandschaft um die Große Dhünntalsperre – dem
größten Trinkwasserspeicher Westdeutschlands
– für die Naherholung neu erschlossen. Sicht-
achsen und Infotafeln „öffnen" diese sonst so

verborgene Schönheit vor den Toren Kölns. Doch auch das einzigartige Eifgenbachtal zwischen Wermelskirchen und Odenthal – einst Vorranggebiet für eine weitere Talsperre, heute wertvolles Refugium für Fauna und Flora – wartet darauf, neu entdeckt zu werden. Heute ist dieser Raum dank des „Dhünnkorridors" auf einem durchgängigen Weg vom Rhein aus erreichbar. Aber auch der Wandel der Industrie und Wassernutzung spielte eine wichtige Rolle: Das neu konzipierte Stadtmuseum „Villa Römer" oder das Schloss Morsbroich in der Industriestadt Leverkusen ebenso wie die „Bahnstadt" in Opladen zeugen im erweiterten Sinne vom „Wupper-Wandel". War sie einst industriell genutzt und überformt, schlängelt sie sich nun als das „Grüne Band" durch die Stadt bis zur Mündung in den Rhein. Hier kann sie mit einer weiteren kulturellen Perle des Rheinlandes aufwarten: der wiederhergestellten historischen Schiffsbrücke an der Wuppermündung.

Bei einem Spaziergang durch das schöne Gummersbach mit dem Steinmüllerareal oder einem Besuch in Leichlingen entdeckt man ebenfalls viele Natur- und Kulturprojekte, die von der Regionale 2010 initiiert wurden – hier in der Bergischen Obstkammer wurde die Wupper ins Stadtbild und in die Herzen der Bürger zurückgeholt. Im Juni lohnt es sich für Durchreisende, die Autobahn A 3 an der Abfahrt Leichlingen zu verlassen, denn dann findet hier eine Erdbeerkirmes statt.

Neue Ziele: das Steinmüller-Gelände in Gummersbach, das Erholungsgebiet Dhünn, das Schloss Morsbroich und die denkmalgeschützte Schiffsbrücke an der Wuppermündung (v.l.).

1 SCHLOSS EULENBROICH

■ **Informationen**
Schloss Eulenbroich
Zum Eulenbroicher Auel 19
51503 Rösrath
Tel 02205 / 90 100 90

Öffnungszeiten Büro:
Mo-Do 8.00-16.30 Uhr
Fr 8.00-13 Uhr
www.schloss-eulenbroich.de
www.kennenlernenum
welt.de

■ Die NRW-Stiftung half
bei der Einrichtung eines
Kulturzentrums im historischen Schloss Eulenbroich
in Rösrath.

Der Neubau wurde 2011
fertiggestellt und bietet jetzt
Raum für die Bildungswerkstatt.

Die Historie des „Hauses Eulenbroich" reicht weit zurück: Zwischen 1200 und 1250 wurde von bisher unbekannten „edelfreien Herren" ein erstes befestigtes Burghaus errichtet, das im Spätmittelalter durch eine neue Burganlage ersetzt wurde. Die Grundmauern dieser zweiten Burg finden sich noch im heutigen Kellergeschoss des Schlosses. Im 17. und 18. Jahrhundert wurde ein weiterer Neubau errichtet, wobei das spätmittelalterliche Sockelgeschoss erhalten blieb. Das jetzige Erscheinungsbild des Schlosses ist Ergebnis von Umbauarbeiten Anfang des 20. Jahrhunderts.

In den Jahren 2009 bis Anfang 2011 wurde das Schloss erneut von Grund auf saniert und um einen Neubau, in dem jetzt die Bildungswerkstatt untergebracht ist, erweitert.

Schloss, Bildungswerkstatt und Schlosshof bilden nun mit dem umgebenden Wassergraben ein Ensemble, das in der Region seinesgleichen sucht. Der gesamte Komplex ist eingebettet in ein landschaftlich reizvolles Gelände mit Park und Spazierwegen.

Als kulturelles Zentrum Rösraths bietet das Ensemble Eulenbroich zahlreiche Möglichkeiten

für Kulturtreibende in klassischem und modernem Ambiente. Egal ob Konzert oder Kabarett, Theater, Lesungen oder Ausstellungen – alle Veranstaltungen sind möglich.

Ein wichtiger Schwerpunkt wird mit dem Projekt „KennenLernenUmwelt" auf die Bildung gelegt: Es entstand ein außerschulischer Lernort für Grundschüler, der in das Projekt „Regionale-2010" eingebunden wurde und neben Rösrath auch noch Standorte in Lohmar, Overath und Troisdorf hat.

Die Entwicklung von Schloss Eulenbroich zum Kulturzentrum mit hochkarätigen Events ist bereits eingeleitet, beispielsweise im Bereich Musik mit den Veranstaltungen wie „Rösrath Klassic" und „Jazz". Ähnliches wird für die Bereiche Tanz, Theater, Ausstellungen und Literatur entwickelt. Darüber hinaus gibt es Großveranstaltungen wie das bereits Tradition gewordene Rosenfest und der Weihnachtsmarkt sowie zusätzlich ein Oster- und Herbstmarkt.

Carl Cüppers (1920-2008)
war der Gründer des Schulmuseums.

2 BERGISCHES SCHULMUSEUM

Im Bergisch Gladbacher Ortsteil Katterbach
wurde 1871 eine einklassige katholische Volks-
schule eröffnet. In der sogenannten Gründer-
zeit und zu Beginn der industriellen Revolution
stiegen die Einwohner- und somit auch die Kin-
derzahlen deutlich an. Der Bedarf an Schulen
wuchs und so zählte man 1883 bereits 72 Kinder der Jahrgänge 1 bis 5. Nur zehn Jahre später
wurde die Schule um einen Klassenraum für die
Jahrgänge 6 bis 8 aufgestockt. Wie damals üblich
wohnte der Lehrer bei seiner Schule und das war
in Katterbach nicht anders. Die Wohnung ver-
fügte über 100 Quadratmeter, eine Fläche, die
dem für einen verheirateten Lehrer festgesetz-
ten Raumbedarf entsprach.

Bürgerproteste verhinderten 1974 den Abbruch

des Altbaus und ermöglichten so die spätere neue Nutzung als Museum. Hier kommt Carl Cüppers ins Spiel, ohne dessen Engagement das Schulmuseum in seiner jetzigen Form nicht denkbar gewesen wäre.

In seiner Zeit als Kreisschulrat in den 1960er-Jahren sammelte er alles, was bei der Auflösung der einklassigen Volksschulen weggeworfen werden sollte. Cüppers konnte es nicht ertragen, dass ein knappes Jahrhundert Schulgeschichte auf der Müllhalde zu landen drohte: „Da ist auf einmal was passiert mit mir. Ich fühlte mich plötzlich verantwortlich dafür, alles zu bewahren." Und darin war er konsequent. Mit seinem VW-Käfer nahm Cüppers aus den aufgelösten Schulen mit, was er tragen konnte. Zur Not schnallte er eben alles auf seinen Dachgepäckträger. Zum Glück war in Bergisch Gladbach eine alte Grundschule frei, und so ist das Schulmuseum entstanden. Sämtliche Facetten der Schulgeschichte werden hier lebendig: Plüschsofa, Harmonium und Bücherschrank beschwören die Atmosphäre eines typischen Lehrerwohnzimmers aus Wilhelminischer Zeit herauf. Eine Sonderabteilung im Erdgeschoss widmet sich der Mädchenerziehung in der Schule. Im Obergeschoss lässt sich

■ Informationen

Schulmuseum Bergisch Gladbach
Sammlung Carl Cüppers
Kempener Straße 187
51467 Bergisch Gladbach
Tel. 02202 / 842 47
www.das-schulmuseum.de

Öffnungszeiten:
Di-Fr 9.30-12 Uhr
und nach Vereinbarung.
In den Schulferien ist das Museum geschlossen.

■ In Bergisch Gladbach förderte die NRW-Stiftung den Ausbau des Schulmuseums im Ortsteil Katterbach.

SEHENSWERT

Kindergartenmuseum

Die Erziehung von Kindern noch vor der Schulzeit thematisiert das Kindergartenmuseum NRW in Bergisch Gladbach. In sieben Ausstellungsräumen gibt es Kindergarteneinrichtungen mit alten Spielen und Spielgeräten, Kinderbücher und andere alte „Schätzchen" aus der Sammlung des Museumsvereins. Auch werden Persönlichkeiten wie Theodor Fliedner und Friedrich Fröbel, Maria Montessori und Rudolf Steiner vorgestellt, die der Geschichte der frühkindlichen Erziehung maßgebliche Impulse gegeben haben.

■ Informationen
www.kindergartenmuseum.de

anhand alter Lehr-, Lern- und Arbeitsmittel verfolgen, wie sich das Bild der Welt im Laufe von 100 Jahren verändert hat. Besonders interessant sind Sammlungsstücke, die die Gesellschaft widerspiegeln: Wandbilder zeigen von der eiszeitlichen Landschaft über die Darstellung „deutscher Rassen" bis hin zum Weg des Postpakets alles, was einmal als lernenswert galt. Und so manches Unterrichtsmittel wurde damals noch vom Lehrer selbst gefertigt.

An der Stirnseite des Klassenraums, neben dem Kreuz, hängen Porträts von Kaiser Wilhelm II. und seiner Frau Auguste Viktoria. Lehrer Cüppers erklärte hierzu, wie „Kaisers Geburtstag" als großes Fest begangen wurde. Dann griff der Lehrer zur Geige und brachte der Klasse in kurzer Zeit das Liedchen bei: „Der Kaiser ist ein lieber Mann". Das Abschlussgebet endete dann stets mit dem im Chor gesprochenen Satz „Wir freuen uns auf den Frühling, denn Schwalben bringen Glück". Und: Carl Cüppers vergaß es nie, sich am Ende des Unterrichts mit einem wirklich großen Lob auf die braven Schüler zu verabschieden.

Den Erfolg des kleinen Schulmuseums mag man ablesen an den begeisterten Gesichtern der Kinder oder an der hohen Auslastung mit rund 10.000 Besuchern jährlich.

Die Kurrentschrift

bis 1917

3 FREUDENTHALER SENSENHAMMER

Wohl kaum ein Handwerk kann auch heute die Anfänge der Industrie so lebendig werden lassen wie die Schmiedekunst. Die ehemalige Sensenfabrik H. P. Kuhlmann in Leverkusen bietet dem Besucher ein ohrenbetäubendes Schauspiel aus Feuer und Lärm, an dessen Ende sehr scharfe, in einem perfekten Bogen gearbeitete Sicheln und Sensenmesser stehen. Allein die Bühne könnte nicht besser bestückt sein: Die mächtigen, alten Hämmer rattern und schlagen, der Ölofen entlässt einen beißenden Geruch und der Boden bebt unter den Füßen, wenn geschickte Schmiede dem unförmigen rotglühenden Stahl zu Leibe rücken.

Obwohl dieses Spektakel die Zuschauer regelmäßig in seinen Bann schlägt, ist es eben heute nur noch das – eine Schmiededemonstration.

Der Bedarf an den scharfen Messern ist mit fortschreitender Entwicklung nahezu verschwunden und so ist die ehemalige Sensenfabrik jetzt ein Industriemuseum. Denn eines wird beim Rundgang durch das neue Museum zwischen den originalen Maschinen und Arbeitsplätzen schnell deutlich, idyllisch war das Leben der Sensenschmiede wohl kaum. Hier gibt es Vieles zu entdecken, was von den Mühen des Broterwerbs früherer Zeiten

Bis zu 200.000 Sicheln und Sensen jährlich wurden hier früher hergestellt.

zeugt. Die Werksanlagen der ehemaligen Fabrik liegen idyllisch in der malerischen Flussaue der Dhünn am Stadtrand von Leverkusen-Schlebusch.

Sensen aus Freudenthal, das stand mehr als 150 Jahre lang für Qualität. 1987 schloss die Sensenfabrik H. P. Kuhlmann Söhne jedoch ihre Tore. Die Fabrik bestand seit 1837 dort, wo schon seit 1779 ununterbrochen die Wasserkraft der

Dhünn gewerblich genutzt wird. Sie war auf die Herstellung schwerer Schneidgeräte wie Sensen, Sicheln und Messer für Land- und Forstwirtschaft spezialisiert.

1987 fiel das denkmalgeschützte Ensemble in einen „Dornröschenschlaf". Der 1991 gegründete Förderverein Freudenthaler Sensenhammer e.V. stellte schließlich die Weichen für eine neue Nutzung der geschichtsträchtigen Gebäude. Von diesem ältesten Leverkusener Industriebetrieb blieben in den Gebäuden die alten, intakten Schmiedehämmer, Maschinen und die Wasserkraftanlage erhalten. Nach jahrelangem Einsatz der Mitglieder des Fördervereins Freudenthaler Sensenhammer hat die Fabrik nun als Museum eine Zukunft: In der Dauerausstellung wird die Geschichte der Firma H. P. Kuhlmann Söhne, und an den originalen Schauplätzen werden die wichtigsten Schritte der Sensenherstellung in ihrem eigenartigen Zusammenwirken von handwerklicher Arbeit und fabrikmäßiger Fertigung erläutert.

Die Herstellung von Sicheln und Sensen ist sehr aufwändig: Rund 30 Arbeitsschritte sind erfor-

Bei Vorführungen vibriert der Boden der Fabrikhalle.

■ **Informationen**

Industriemuseum Freu-
denthaler Sensenhammer
Freudenthal 68
51375 Leverkusen-
Schlebusch
Tel. 0214 / 500 72 68
www.sensenhammer.de

Öffnungszeiten:
Di–Fr 10–3 Uhr,
Sa/So 12–17 Uhr
sowie für Gruppen nach
Vereinbarung.

■ **Kinder**
• Kindergeburtstage
• Schmieden für
  Kinder

www.nrw-entdecken.de

Das Museum zeigt auch den richtigen „Schwung" beim Sensen.

derlich, um aus den angelieferten Stahlstangen hochwertige Sensen zu produzieren. Dafür arbeiteten viele Spezialisten in der Fabrik zusammen. Im Laufe des Rundgangs begegnet man ihnen an den verschiedenen Arbeitsplätzen immer wieder.

Da trifft man auf den ehemaligen Fabrikbesitzer ebenso wie auf hochqualifizierte Schmiede oder auf Maria aus Benevento, die jahrzehntelang in der Schleiferei arbeitete. Informationen, Gegenstände und Fotos verdichten sich zu einem lebendigen Bild der Fabrik mit ihren Hierarchien, den Gefahren und Herausforderungen für die Mitarbeiterinnen und Mitarbeiter. Anhand der eigenen Wasserkraftanlage werden die Möglichkeiten und Grenzen der Stromerzeugung durch Wasserkraft erläutert. Einblicke in die Kulturgeschichte gewährt etwa die „Sammlung Müller" mit zahlreichen Abbildungen von Sense und Sichel in Kunstwerken oder Werbegrafik.

1779 wurde an der Stelle des heutigen Museums ein Stahlhammer errichtet. Im ersten halben Jahrhundert seiner Geschichte wechselte der Betrieb mehrfach den Besitzer. Erst als 1837 die Familie Kuhlmann die gesamte Anlage übernahm, trat durch ihr unternehmerisches Geschick 150 Jahre lang Kontinuität ein. Für die erfolgreiche

Entwicklung stehen etwa die Produktionszahlen aus dem Jahr 1914. Bei Ausbruch des Ersten Weltkriegs waren hier 76 Personen beschäftigt, die eine Jahresproduktion von rund 200.000 Stück Schneidgeräten fertigten, die bis nach Russland geliefert wurden.

Mit der Technisierung der Landwirtschaft und der Konkurrenz von Waren aus Billiglohnländern ging jedoch die Nachfrage nach den Freudenthaler Produkten nach dem Zweiten Weltkrieg immer stärker zurück. Museumsleiter Wilhelm Matthies erklärt die Hintergründe: „Ein-Mann-Mähdrescher waren am Ende des 20. Jahrhunderts in der Lage, in der Stunde mehr als 40 Tonnen Getreide zu ernten. Um 1950 wurden für diese Leistung noch etwa 150 Arbeitskräfte mit ihren Sensen benötigt." Das Werk wurde 1987 geschlossen und noch im selben Jahr unter Denkmalschutz gestellt.

Über die großen Räder treibt die Wasserkraft der Dhünn die Maschinen an.

Dennoch wird auch heute in der Werkshalle zeitweise wieder eifrig geschmiedet. Erfahrene Schmiede, die lange Jahre im Sensenhammer gearbeitet haben, vermitteln in einer „Schmiedegruppe" ihre Kenntnisse und Fertigkeiten an ehrenamtliche Interessenten aus dem Förderverein weiter. So bleibt die Handwerkstradition lebendig und die Vorführungen der Schmiede und ihrer „Lehrlinge" entlocken den Hämmern ihre Kraft und ermöglichen den Besuchern einen realistischen Einblick in frühere Arbeitswelten.

In der Studiogalerie des Museums, gleich neben dem Eingangsbereich, erhalten Ausstellungen moderner Kunst einen besonderen Rahmen. Die hohe Werkshalle empfiehlt sich auch als stimmungsvolles Ambiente für Feiern, Theater- oder Tanzveranstaltungen. Ein besonderes Erlebnis sind Konzerte in der Schmiedehalle. Lichteffekte und die gute Akustik vermitteln etwa bei den Leverkusener Jazztagen eine faszinierende Stimmung. „Wer hier den Pulsschlag der Vergangenheit an den Hämmern einmal gespürt hat, kommt gern wieder, neugierig auf Kunst, Konzerte und Industriekultur", sagt Museumsleiter Matthies.

■ In Leverkusen unterstützte die NRW-Stiftung den Erwerb der ehemaligen Sensenfabrik H. P. Kuhlmann & Söhne und ihre denkmalpflegerische Instandsetzung. Heute steht die Fabrik als Industriemuseum und kulturelle Veranstaltungsstätte der Öffentlichkeit zur Verfügung.

4 NATURGUT OPHOVEN

Sechs Hektar Natur mitten in der Stadt: Schon deswegen hebt sich das „NaturGut Ophoven" in Leverkusen-Opladen von anderen Umweltzentren ab. Doch damit nicht genug: Das „Zentrum für innovative Umweltbildung" verbindet denkmalgeschützte Kultur mit schützenswerter Natur. Auf dem Gelände rund um die Fundamente einer ehemaligen Wasserburg aus dem 13. Jahrhundert stehen Bienenhäuser, Kopfweiden und Hecken.

Verschiedene Uferzonen an Teichen und am nahe gelegenen Wiembach ergänzen die Erlebnislandschaft, in der Kinder und Erwachsene Flora und Fauna hautnah erleben und im Wortsinne begreifen können. Gleich nebenan gibt es einen Naturerlebnispfad, auf dem anstelle langatmiger Beschreibungen lediglich einige Symbole die Aufmerksamkeit der Besucher wecken. Hier darf jeder mit allen Sinnen Natur genießen, verstehen und schützen lernen.

Möglich wird das umfassende Angebot durch gemeinsames Engagement der Stadt Leverkusen und des Fördervereins von Gut Ophoven, der sich hier um Naturschutz und Umweltbildung gleichermaßen kümmert. So bietet das

Umweltzentrum inzwischen ein umfassendes Programm, von dem Schulen und andere Teilnehmer der jährlich mehr als 150 Kurse im offenen Bildungsangebot profitieren.

Einer der Höhepunkte ist die moderne Umwelt-Erlebnisausstellung EnergieStadt. Hier werden die Themen „Energiesparen" und „Stadt für Kinder und Familien" präsentiert. Die ganzjährig geöffnete Dauerausstellung ist ein Ausflugsziel für mehrere Stunden, in denen gespielt, entdeckt, gelernt und gefühlt werden kann – manche sprechen von einem ökologischen Phantasialand. Wer mit 2000 Powerpoints in der „EnergieStation" aktiv werden oder in dem großen „Stadt-Spaß" mit Ameisen kuscheln, Straßenbäumen telefonieren oder wie ein Vogel fliegen möchte, ist hier goldrichtig. Die große Scheune des alten Gutshofes wurde dafür vollständig restauriert und ist zum Modell für nachhaltige Energiewirtschaft geworden. Nach baubiologischen und denkmalpflegerischen Gesichtspunkten ausgebaut, zeigt die Scheune nun, wie recycelte Materialien eingesetzt, energiesparende Heizsysteme installiert und warmes Wasser durch Sonnenenergie gewonnen werden können.

■ **Informationen**
NaturGut Ophoven
Talstr. 4
51379 Leverkusen-Opladen
Tel. 02171 / 73 49 90
Tel. 02171 / 73 49 91 8
www.naturgut-ophoven.de

Öffnungszeiten:
Di-Fr 9– 17 Uhr,
Sa /So /Fei 10– 18 Uhr

■ **Kinder**
www.nrw-entdecken.de

■ Die NRW-Stiftung half bei der Anlage des 2,5 Kilometer langen Naturerlebnispfades und beim Aus- und Umbau der denkmalgeschützten Scheune.

BONN UND UMGEBUNG

BERGE, BURGEN, BEETHOVEN

Wer Bonn besucht, gerät fast zwangläufig in folgendes Dilemma: Die Stadt selbst bietet so viel Interessantes und Sehenswertes, dass man viele kurzweilige Tage hier verbringen kann. Andererseits ist der ehemalige Regierungssitz nachgerade umzingelt von weithin und zu Recht gerühmten touristischen Attraktionen und sehenswerten Kleinoden. Ganz gleich, in welche Richtung man von Bonn aus aufbricht, man entdeckt sie überall. Ein Stückchen den Rhein aufwärts zum Beispiel den sagenumwobenen Drachenfels, die bekannteste Erhebung des Siebengebirges und einer der meistbestiegenen Berge der Welt. Seit den 1990er-Jahren waren die Besucherzahlen zwar rückläufig, allerdings wird seit einiger Zeit stark investiert, um den burg-bewehrten Felsen am Rhein zwi-

Bild oben:
Über einer uralten Kultstätte auf dem Bergkegel wurde im frühen 13. Jahrhundert die Godesburg errichtet. Die dortige Plattform auf 122 Metern über NN ermöglicht einen einzigartigen Blick über das Rheintal.

Der wahrscheinlich bekannteste Sohn der Stadt blickt
am Bonner Münsterplatz von
seinem Sockel: Ludwig van
Beethoven.

schen Bad Honnef und Königswinter wieder at-
traktiver zu machen. Nicht zuletzt die NRW-Stiftung engagierte sich mit Millionen-Beträgen bei
der Sanierung und Restaurierung von Schloss
Drachenburg, das etwa auf halber Höhe steht.
Ganz oben auf dem Gipfel thront eine mittelalterliche Burgruine. Wer den beschwerlichen
Aufstieg geschafft hat oder sich bequem von der
Zahnradbahn hat hinaufchauffieren lassen, der
sieht gleich: Eine bessere Stelle für einen Wehrbau gab es weit und breit kaum. Denn in beiden Richtungen hat man einen weiten Blick auf
den Rhein, sieht Freund und Feind rechtzeitig
kommen. Heutzutage genießt man freilich un-
beschwert das Panorama, blickt zum Beispiel hi-
nab auf Rhöndorf und entdeckt mit etwas Glück
und Ortskenntnis am östlichen Stadtrand das
Häuschen von Konrad Adenauer mit seinem le-
gendären Rosengarten. Oder Bad Honnef, das
„rheinische Nizza". Diese schöne Bezeichnung
wird gern Alexander von Humboldt in den Mund

gelegt – jedoch zu Unrecht. Immerhin: Am Süd-hang des Siebengebirges gelegen, ist Honnef ge-gen raue Nord- und Ostwinde geschützt – aber offen für warme Luftströmungen aus Süd und West. Kein Wunder also, dass hier auch die ers-ten größeren Weinberge entlang des Rheins zu sehen sind.

In der anderen Richtung liegt Bonn. Die Stadt hat zwar ihren Status als Regierungssitz verlo-ren, gewann seitdem aber deutlich an touris-tischer Attraktivität. So entstand entlang der Bonner Magistrale die Museumsmeile mit der Kunst- und Ausstellungshalle der Bundesrepub-lik Deutschland, dem Kunstmuseum Bonn, dem Forschungsmuseum Koenig, dem Deutschen Museum Bonn und dem Haus der Geschichte. Letzteres bietet spannende Einblicke und Ein-sichten in die jüngere Historie des Landes.

Aber Bonn hat auch viel ältere Geschichten zu erzählen. Etwa von Ludwig van Beethoven, der hier geboren wurde. Für zahlreiche Besucher aus dem In- und Ausland ist sein Geburtshaus das eigentliche Wahrzeichen Bonns. Im Haus des Kom-ponisten in der Bonngasse ist ein Großteil der erhalte-nen Beethoven-Erinnerungs-stücke im Original zu sehen. Dazu zählen sein letzter Flü-gel, Beethovens Hörrohre und eine Auswahl an Briefen und Musikhandschriften. Eine ganze Reihe weiterer Ausstellungen und Museen

Eine Schiffstour auf dem Rhein bei Königswinter.

finden sich in und rund um die traditionsrei-che Bonner Universität, die ihren Hauptsitz im ehemals kurfürstlichen Schloss in der Innen-stadt hat.

Bonn hat noch zahlreiche andere Schlösser und Burgen, zum Beispiel die Godesburg, die Vorläu-fer aus der Frankenzeit gehabt zu haben scheint. Und selbst römische Hinterlassenschaften aus vorchristlicher Zeit finden sich hier. Wie gesagt: Man bräuchte Tage allein für diese Stadt.

1 BEETHOVEN-HAUS

„Musik ist höhere Offenbarung als alle Weisheit und Philosophie", sagte der Mann, dessen eigenes Leben, Lieben und Wirken sich in einem wenig pompösen Bonner Wohnhaus offenbart. Das Geburtshaus Ludwig van Beethovens in der Bonngasse 18-26 blieb als einzige seiner zahlreichen Wohnstätten erhalten. Es beherbergt die derzeit größte Beethoven-Sammlung und ist gleichzeitig Gedenkstätte für Menschen aus aller Welt.

Vier winzige Zimmer bewohnte das Ehepaar Beethoven, als 1770 Sohn Ludwig auf die Welt kam. Die Familie lebte in bescheidenen Verhältnissen in einem schmalen Anbau des ansonsten ansehnlichen barocken Wohnhauses. Als das Gebäude 1888 zum Verkauf stand und der Abriss drohte, kaufte ein kurzerhand gegründeter Verein das gesamte Anwesen auf, restaurierte es und schuf den Grundstein für ein Ehrendenkmal des großen Komponisten.

Seit dem 100. Todestag Beethovens am 26. März 1927 ist dem Haus ein Archiv angeschlossen,

Das Geburtshaus Beethovens zieht jedes Jahr mehr als 100.000 Besucher an.

■ Die NRW-Stiftung unterstützte die Restaurierung des Beethoven-Hauses Bonn und die Erstellung der Kinder-Website „Hallo Beethoven".

das als „Mittelpunkt der Beethoven-Forschung"
dient, wie sein Gründer, Professor L. Schieder-
mair, es wünschte. Dort sowie im gesamten
Haus sind Spuren des begnadeten Komponisten und Menschen Ludwig van Beethoven mit all
seinen Werken, Beziehungen, Liebschaften, Ins-
trumenten, Briefen und Alltäglichkeiten zu finden, die ein lebendiges und authentisches Bild
des berühmten Deutschen schaffen. Gemälde
und Scherenschnitte sowie Abschriften und Originale seiner Kompositionen lassen ihn beinahe
anwesend erscheinen.

Besonders interessant für Beethoven-Kenner
sind dort zu findende Hinweise auf die Bezie-
hung Beethovens zu seinem Vater, welcher ihn
bereits in jungen Jahren als musikalisches Ge-
nie anpries und ihn – wie vermutet wird – dazu
als jünger ausgab, als er tatsächlich war. In Wid-
mungen, Briefen und persönlichen Notizen finden sich Spuren seines Seelenlebens in schwie-
rigen Zeiten, wie beispielsweise während der
Jahre seiner Ertaubung.

Der Sprung in die Neuzeit schließlich gelingt
im Nachbarhaus „Im Mohren": Hier ist das „Digitale Beethoven-Haus" untergebracht, das sich

Der Kammermusiksaal gilt als
einer der schönsten modernen Konzertsäle.

*„Ich habe niemals daran
gedacht, für den Ruf und
die Ehre zu schreiben: Was
ich auf dem Herzen habe,
muss heraus, und darum
schreibe ich."*

**Ludwig van Beethoven,
zitiert nach Romain Rol-
land, 1930**

schon in der Ausstattung von herkömmlichen Museen unterscheidet: Das „Studio für Digitale Sammlungen" im Erdgeschoss ist ausgerüstet mit zwölf Computerplätzen. Besucher können hier natürlich zum einen über den exzellenten Internetauftritt des Beethoven-Hauses auf Entdeckungsreise gehen. Über Flachbildschirme, Kopfhörer und Maus gelangen sie in das Digi-

SEHENSWERT

Hallo Beethoven

Eine Lesebrille auf dem Schreibtisch, Notenblätter auf dem Klavier, Papier- und Bücherstapel – auf der Internetseite „Hallo Beethoven", initiiert vom Beethoven-Haus Bonn, wird der Besucher in das virtuelle Arbeitszimmer und die Welt des berühmten Komponisten versetzt. Besonders Kindern bietet das Internetangebot die Möglichkeit, spielerisch mehr über den grandiosen Musiker zu erfahren.

„Hallo Beethoven" ist ein Angebot der besonderen Art: Die leicht lesbaren Darstellungen von Julia Ronge werden mit Elementen aus Comic, Bilderbuch und Karikatur vermischt. Schon die liebevollen Zeichnungen und Gestaltungen des Kinderbuchillustrators Alexander Steffensmeier sind einen Besuch der Seite wert. Ein Highlight ist die Bibliothek mit verschiedenen Werken Beethovens, die sich dort abspielen lassen. Auch originale Abbildungen von Notenblättern und Notizen sind zu finden. Bei dem interaktiven Angebot wurde auch an Elemente wie Quiz und Rätsel gedacht. Auf der Web-Rallye können die Besucher das zuvor Erfahrene anwenden.

■ Informationen
www.beethoven-haus-bonn.de/
hallo-beethoven/

tale Archiv und können dort unter anderem Einzelstücke aus der Ausstellung genauer in Augenschein nehmen, Beethovens alte Handschriften betrachten oder sämtliche Werke in Aufnahmen der Deutschen Grammophon Gesellschaft anhören. Interessant ist zudem ein Vergleich verschiedener Interpretationen der Klaviersonate „Appassionata".

Im mittelalterlichen Gewölbekeller befindet sich mit der „Bühne für Musikvisualisierung" ein außergewöhnliches Forum für die visuelle Interpretation von Beethovens Werk. Die vom Fraunhofer-Institut für Medienkommunikation entwickelte „3D-Virtual Reality Technology" inszeniert hier ein interaktives Bildtheater. Die „Fidelio"-Einspielung der Wiener Philharmoniker unter Leonard Bernstein aus dem Jahr 1978 ist in dieses dreidimensionale Medium transportiert worden. Es stellt nicht nur die Figuren der Oper dar, sondern ermöglicht auch Interaktivität seitens der Zuhörer. Zudem koloriert und bildet es die Frequenzkurven der Musik ab und ruft über modernste Hard- und Software eine neuartige dreidimensionale Klang-, Raum- und Bildwirkung beim Publikum hervor. An dem Ort, an dem Ludwig van Beethoven das Licht der Welt erblickte, ist er auch heute noch lebendig. Und noch mehr: Das Beethoven-Haus trägt sein Leben und Werk ins 21. Jahrhundert.

■ **Informationen**
Beethoven-Haus
Bonngasse 18-26
53111 Bonn
Tel. 0228 / 98 17 50
www.beethoven-haus-bonn.de

Öffnungszeiten:
Mo-Sa 10-18 Uhr
So 11-16 Uhr

■ **Kinder**
• altersgerechte Rundgänge
• Fledermausführungen
• Workshops
www.beethoven-haus-bonn.de/hallo-beethoven/

www.nrw-entdecken.de

Die „Grüne Spielstadt" auf dem Gelände der ehemaligen Stadtgärtnerei Bonn ist eine parkähnliche, rund 7500 Quadratmeter große Anlage mit über 30 verschiedenen „Lebendbauten".

■ Informationen

Grüne Spielstadt
Im Dransdorfer Feld
53121 Bonn
Tel. 0228 / 20 16 116
www.gruene-spielstadt.de

Öffnungszeiten:
an jedem ersten Sonntag im Monat 11-17 Uhr.

Das Projekt „Aus Hecken werden Häuser" nahm an der Weltausstellung Expo 2000 teil. 2007 übernahm der Wissenschaftsladen Bonn die Anlage.

■ Kinder
• Aktionen für Kindergärten und Schulen
• Rollenspiele

---

2 GRÜNE SPIELSTADT

Weidenruten sind bekanntlich sehr biegsam und elastisch, sie lassen sich leicht zu Gerüsten flechten oder zu Bögen formen. Außerdem sind die Äste enorm regenerationsfähig. In den feuchten Boden gesteckt, wurzeln sie und treiben wieder aus. Aus einem kahlen Zweiggerüst lässt sich so binnen weniger Wochen eine grünende Laube herstellen. Tipis und Tunnel aus Weidenruten sind mittlerweile bei Kindergärten und Schulen beliebte Projekte. Doch lange Zeit gab es nirgendwo eine „Musterhaus-Siedlung" für die pflanzlichen Konstruktionen.

Das änderte sich 1996, als die Stadt Bonn einen Teil ihres Stadtgärtnerei-Grundstücks dem Deutschen Werkbund Nordrhein-Westfalen als Experimentierfeld überließ. Der lud Fachleute und Laien ein, die bauen durften, was das (Grün-)Zeug hielt. Neben Lauben, Pavillons und Laufgängen waren Objekte wie das „Reisigsofa" als Anregung für Kindergärten, Schulen, Gartenbesitzer, Stadt- und Landschaftsplaner gedacht. Als die ersten Weidenruten Wurzeln schlugen, wussten die „Obergärtner" Luzia Mayer und Dr. Walfried Pohl noch nicht, wie lange die Häuser stehen bleiben könnten. Dass die damals gepflanzten Stecklinge mittlerweile zahlreiche Jahresringe zugelegt haben und sich ungebremster Vitalität erfreuen, macht die Initiatoren stolz und glücklich. Ehrenamtliche Helfer entwickeln die Grüne Spielstadt weiter: Sie halten das Gelände in Schuss, schneiden störende Äste ab und flechten austreibende Zweige ein.

Einigen Bauwerken sieht man erst auf den zweiten Blick an, dass sie als Rutenbündelkonstruktion oder Flechtwerk begonnen haben. So wirkt das über fünf Meter hohe „Grüne Klassenzimmer" von weitem wie eine natürliche Gehölzgruppe. Erst wenn man die Innenwand der halbschattigen Kuppel betrachtet, erkennt man die Doppelnatur des geräumigen Weidenhauses.

Den Bonnern bietet die Grüne Spielstadt nicht nur ökologische Anschauung, sondern auch

eine abwechslungsreiche Kulisse für Erholung und Umweltbildung. Im Sommerhalbjahr wird das Gelände für Weidenbau-Workshops und als Treffpunkt der Bonner NABU-Junior-Ranger genutzt. Für den Nachwuchs gibt es eine besondere Kurzweil: Während die Eltern im Schatten eines Silberweiden-Pavillons picknicken, suchen sie versteckte Gegenstände, erkennen Duftpflanzen und lösen Tierrätsel. Zwischendurch rennen die Kleinen juchzend durch die „Kinderschnecke" oder schleichen durch die Laufgänge und Kriechtunnel der „Zauber-Weiden-Welt".

Der Laufgang aus Weiden und wildem Wein zieht Kinder immer wieder in seinen Bann.

■ Mithilfe der NRW-Stiftung konnte die „Grüne Spielstadt" realisiert werden.

Eine präparierte Giraffe - und im Hintergrund die Elefantendame Bibi.

3 ZOOLOGISCHES FORSCHUNGSMUSEUM ALEXANDER KOENIG

Das Museum Koenig vereint auf eine beeindruckende Art und Weise Ausstellung und Forschung unter einem Dach. Statt auf heutzutage vielfach eingesetzte Museumspädagogik mit Event-Charakter setzt das Museum noch ganz auf den Bann, in den große und kleine Forscher und Entdecker bereits in der Eingangshalle mit den imposanten Exponaten der afrikanischen Tierwelt gezogen werden.

Die Dauerausstellung „Unser blauer Planet – Leben im Netzwerk" ist ein in Europa einzigartiges Projekt. Es vereint die bedeutendsten Lebensräume unserer Welt auf einigen hundert Quadratmetern: Arktis, Antarktis, Wüste, Savanne und Regenwald. Mit exakten Nachbildungen der Tier- und Pflanzenwelt. Denn Museum und angeschlossenes Forschungsinstitut verstehen sich selbst als Dokumentationsbank der Biodiversität.

Das Museum schöpft dabei aus einem immensen Fundus: An die 77.000 Amphibien, etwa 70.000 Säugetiere, 90.000 Vögel, rund eine Million Käfer und 1,4 Millionen Schmetterlinge lagern in großen Vitrinen, in Nebenräumen, in Schubladen und uralten Glasschränken.

Stets hinter Glas bleiben die lebendigen Ausstellungsobjekte des Forschungsmuseums: beinahe ausgestorben oder noch kaum bekannt – wie der fruchtgelbe Quittenwaran, der erst 1997 entdeckt wurde. Sieben Großterrarien vereinen im Vivarium des Museums die unerforschten Welten jener Gattungen, die in der Wissenschaft ihr letztes Auffangnetz finden – oder den Biologen lange Zeit durch die Maschen geschlüpft waren.

■ **Informationen**
Forschungsmuseum Alexander Koenig, Museumsmeile, Adenauerallee 160, 53113 Bonn
Tel. 0228 / 91 220
www.museumkoenig.de

■ **Kinder**
- Führungen für Kindergarten-, Hort- oder Schulgruppen
- Ferienaktionen
- Familienprogramm

■ Mithilfe der NRW-Stiftung konnte das Museum die bedeutende Schmetterlingssammlung „Wagener" erwerben.

Der Kottenforst – ein 4000 Hektar großer Laub-mischwald im Naturpark Rheinland.

4 KOTTENFORST UND HAUS DER NATUR

Der Kottenforst zählt zu den beliebtesten Ausflugszielen für Erholungssuchende aus Bonn und Umgebung. Vor allem im Sommer begeben sich Tausende joggend, radelnd oder spazieren gehend auf Entdeckungstour über das großzügige Waldwegenetz oder buchen gleich eine der exklusiven Führungen durch den attraktiven Mischwald mit Kopfbuchen von märchenhafter Vielfalt.

In direkter Nachbarschaft am Rand zum Kottenforst am Bonner Venusberg beherbergt das Haus der Natur ein lokales Naturkundemuseum und bietet seit seiner Eröffnung 1986 den Besuchern eine Fülle an Informationen. Eine Dauerausstellung beleuchtet die im Kottenforst heimischen Tiere und Pflanzen und stellt zugleich ihren Lebensraum durch naturgetreue Nachbildungen anschaulich dar.

Eine wandgroße Luftbildkarte der Bundesstadt Bonn und ein digitales Landschaftsmodell, welches Informationen über die geologische, klimatische und ökologische Entwicklung der Region gibt, vervollständigen das Angebot. In unterschiedlichsten Wechselausstellungen informiert das Haus der Natur über aktuelle, sowohl lokale als auch überregionale Themen des Umweltschutzes. Im Außengelände lädt ein ökologisch geführter Bauerngarten mit Kräuter- und Gemüsegarten, einem Bienenhotel und vielen bunten Blumen zum Verweilen ein.

Ein weiterer besonderer Anziehungspunkt ist das Wildgehege, wo im Sommer die Frischlinge der Wildschweine und im Herbst die Hirschbrunft von Rot- und Damwild lockt.

Ein besonderes Anliegen des Waldinformationszentrums ist es, vor allem Kindern die Natur näher zu bringen. Deswegen enthalten die Ausstellungen auch immer kindergerechte und spielerische Ansätze der Umweltbildung, beispielsweise auf dem angrenzenden Spielplatz mit dem „Grünen Klassenzimmer" und dem Klangbaum.

■ **Informationen**

Haus der Natur
Waldinformationszentrum
An der Waldau 50
53127 Bonn
Tel. 0228 / 285107
(nur während der Öffnungszeiten)
www.hausdernatur-bonn.de

Öffnungszeiten:
April bis Oktober:
Di–Fr 13–18 Uhr,
Sa/So 11–18 Uhr
November bis März:
Di–Fr 13–17 Uhr
Sa/So 11–17 Uhr.
Führungen im Haus nach
Terminabsprache
Führungen im Wald nach
Terminabsprache unter
Tel. 0228 / 91921-51

■ Die NRW-Stiftung half
dem Waldinformationszentrum bei der Erstellung
eines Landschaftsmodells.

5 HOLZLARER MÜHLE

Es war Anfang des 16. Jahrhunderts, als die Holzlarer Wassermühle erstmals Erwähnung fand: Der Landdrost Wilhelm von Nesselrode erbte den Burghof, zu dem eine Mühle gehörte. Wahrscheinlich jedoch existierte bereits zuvor eine Mühle. Gesichert ist nur die Tatsache, dass hier über 450 Jahre lang das Korn der ansässigen Bauern gemahlen wurde. Erst in den 1950er-Jahren wurde diese vom letzten Müller Josef Reuter stillgelegt.

1988 erkannte man die Mühle als Kleinod der frühen Industrialisierung und stellte sie unter Denkmalschutz. Ein Jahr später gründete sich der Verein Holzlarer Mühle: Durch Spenden und Fördermittel unterstützt, sollte sie der Öffentlichkeit wieder zugänglich gemacht werden. Mit Erfolg: Heute verfügt sie wieder über ein Wasserrad, das in Größe und Beschaffenheit in etwa dem ursprünglichen entspricht. Das macht sie zur einzigen funktionsfähigen historischen Mühle im Bonner Stadtgebiet und zu einem äußerst beliebten Ausflugsziel.

■ Informationen
Holzlarer Mühle
Mühlenweg
53229 Bonn-Holzlar
www.holzlarer-muehle.de

Öffnungszeiten:
Mai bis Oktober
jeder 1. Sonntag im Monat
15-17 Uhr

■ Mit Unterstützung der NRW-Stiftung konnte die Wassermühle denkmalgerecht restauriert werden.

6 FISCHEREIMUSEUM TROISDORF

Bis zur Mitte des vorigen Jahrhunderts war die Binnenfischerei an der Siegmündung ein florierender Erwerbszweig. Dann setzten die Industrie-Abwässer in Rhein und Sieg dem uralten Gewerbe ein trauriges Ende. Doch die Fischerfamilien aus Bergheim resignierten nicht. Sie besannen sich auf ihre Tugenden und stellten sich einer neuen Aufgabe: Statt ihre Fanggeräte nach Aal und Lachs auszulegen, lockten die Bergheimer Fischereibrüder interessierte Besucher in ihr Museum. 2010 haben sie ihren „Köder" er-

neuert: Eine moderne Dauerausstellung stellt die Lebensgemeinschaften der Sieg und ihrer Aue vor, beschreibt den ehemaligen Alltag der Binnenfischer und erzählt die faszinierende Geschichte ihrer Zunft.

Als frühesten Beleg ihrer Existenz konnten die Fischerbrüder das Jahr 987 ausmachen, als der Deutsche Kaiser Otto III. das noch junge Damenstift zu Vilich anerkannte. Das damit verbundene Fischereirecht verlieh die Äbtissin an die Bergheimer Fischer. Als Gegenleistung stand dem Kloster ein Drittel des Fangertrags zu. Abgesehen von diesem „Vilicher Drittel" übten die

■ Die NRW-Stiftung half bei der Neueinrichtung der Ausstellung im Fischereimuseum in Troisdorf-Bergheim.

■ **Informationen**

Fischereimuseum Bergheim an der Sieg
Nachtigallenweg 39
53844 Troisdorf-Bergheim
Tel. 0228 / 94 58 90 17
www.fischereimuseum-bergheim-sieg.de

Öffnungszeiten:
Sa 14-18 Uhr
So/Fei 12-18 Uhr
(im Winter 12-17 Uhr)

■ **Kinder**
• Kindergeburtstage
• Workshops
• Schulklassen

Bergheimer das Fischereirecht „als ir eigen Gut" aus, wie eine Urkunde aus dem 16. Jahrhundert bezeugt.

Als das Kloster Vilich 1804 säkularisiert wurde, fiel das Recht „am dritten Fisch" zuerst an Frankreich, ab 1815 dann an Preußen. Das muss die Fischereibrüder arg gewurmt haben. Sie sparten eisern, verhandelten geschickt und kauften sich im Jahr 1850 für sechshundert preußische Taler los. Damit erlangten sie nach rund neunhundert Jahren fiskalischer Abhängigkeit die volle Souveränität über die „Fischereigerechtsame" und besitzen diese bis zum heutigen Tag, eine in der deutschen Rechtsgeschichte einmalige Leistung. Das heutige Haus ist gleichwohl weit mehr als ein thematisch ausgerichtetes Heimatmuseum. Im Untergeschoss des Museums können die Besucher übrigens auch einen lebendigen Eindruck von den Flussbewohnern gewinnen: In drei großen Aquarien schwimmen Barsch, Rotfeder, Hecht und Co. und vermitteln den Gästen einen Eindruck, wie es unter der Wasserlinie der Sieg und ihren Altarmen aussieht.

Brudermeister Willi Engels.

7 WEINBAUMUSEUM RUNENHAUS

Dass einer ihrer kostbaren Weine ein Drei-Männer-Tropfen sei, lassen sich die Stadt Blankenberger nicht nachsagen – noch nie hatte es zweier Männer bedurft, die einen dritten festhalten müssen, um ihm das Erzeugnis des hauseigenen Weinbergs einzuflößen. Im kleinen örtlichen Weinbaumuseum wird dem Rebensaft ein Denkmal gesetzt: Vor allem auf den „Schützenstaller", der eigens zur Eröffnung des Weinbaumuseums entkorkt wurde, sind sie stolz, und auch auf den köstlichen Tropfen „Müller-Thurgau", von dem jährlich nur 300 Flaschen abgefüllt werden, lassen sie nichts kommen.

In dem kleinen Örtchen knüpft Walter Keuenhofs winziger Weingarten im Schützenstall an die lange Weinbautradition des Siegtales an, die bis in das 12. Jahrhundert zurückreicht. Mit vereinten Kräften richteten die Mitglieder des Heimatvereins zwei Räume im ehemaligen Weinkeller des Runenhauses her, das seinen Namen aufgrund der runenähnlichen Zeichen am Giebel trägt. Für Sichel, Hacke und andere Zeugnisse der Ortsgeschichte bis zur letzten Rebenernte 1906 setzten die freiwilligen Helfer mit dem Museum ein Denkmal. Sammlerstücke wie Weinfässer, Weinbauverordnungen sowie eine kleine Weinpresse komplettieren die Museumsausstellung.

■ Informationen
Runenhaus
Graf-Heinrich-Straße
53773 Hennef - Stadt
Blankenberg
Tel.: 02 24 2 / 19 43 3
www.hennef.de

Öffnungszeiten:
April bis Oktober
So 15-17 Uhr

■ In Hennef-Blankenberg konnte mithilfe der NRW-Stiftung im Gewölbekeller des „Runenhauses" eine kleine Ausstellung zum Blankenberger Weinbau eingerichtet werden.

8 AALSCHOKKER ARANKA

Wenn die Besucher heute über die Inselbrücke schlendern, die die traditionelle Winzer-, Fischer- und Schifferstadt Bad Honnef mit der vorgelagerten Insel Grafenwerth verbindet, blicken die meisten bewundernd zur Seite. Vor ihnen liegt die „Aranka", eines der Wahrzeichen jahrhundertealter Heimatgeschichte in Bad Honnef und der letzte Aalschokker des Mittelrheins.

Ein halbes Jahrhundert ging Fischermeister Willi Jansen von Mai bis November mit der „Aranka" Nacht für Nacht auf den Rhein – um die Beute zu fangen, der das Schiff seinen Namen verdankt: Aale. Mit Hilfe der 78 Quadratmeter großen Fangnetze konnte das Schiff aus dem Jahre 1917 dem Rhein jahrzehntelang viele Tonnen Fisch entreißen – neben Aalen auch Lachs, Maifisch und Stör. Während das Schiff tagsüber in Ufernähe ruhte, wurde es abends an seinem Anker in Fangposition gebracht, „Fieren" heißt das in der Fachsprache. Der Mast hielt die 30 Meter langen, handgeknüpften Netze in der starken Rheinströmung.

Doch im Laufe der Zeit blieben die großen Fänge nach und nach aus. Schweren Herzens entschloss sich der Bad Honnefer Fischermeister nach 50 Jahren gemeinsamer Dienstzeit zum Verkauf seines Aalfangschiffes. Damit war die alte Fischertradition der Jansens, die seit 1780 belegt ist, endgültig erloschen. Das Aalfangschiff sollte in die Niederlande verkauft werden

– ein Gedanke, mit dem sich der Bad Honnefer Geschäftsmann Helmut Kloss nicht anfreunden konnte. Auf seine Initiative und in Zusammenarbeit mit dem Kur- und Verkehrsverein Bad Honnef entstand eine Spendenaktion, die den Erwerb der „Aranka" ermöglichte. Gleichzeitig wurde das Schiff als bewegliches Denkmal anerkannt. Einer vollständigen Renovierung stand damit nichts mehr im Wege.

Bevor die Bad Honnefer jedoch ihre „Aranka" im Frühjahr 1994 an ihrem Liegeplatz im Altrheinarm wieder begrüßen konnten, brachte die Weihnachtszeit 1993 neue Probleme bei der Sanierung mit sich. Bei einem Hochwasser drang Schlamm in den noch offen stehenden Bauch der „Aranka" ein. Erst nach stundenlanger Arbeit konnte das Schiff von den Schlammmassen befreit und die Sanierungsarbeiten abgeschlossen werden. Der Heimathafen der „Aranka" bereitete der Rückkehrerin einen würdigen Empfang. Mit dem Drachenfels im Hintergrund ist er ein beliebtes Fotomotiv und mittlerweile ein Wahrzeichen von Bad Honnef.

■ **Informationen**
Aranka Förderverein e.V.
53604 Bad Honnef

Der Aalschokker „Aranka" liegt im alten Rheinarm vor Bad Honnef vor Anker. Das Schiff ist am besten von der Brücke, die zur vorgelagerten Insel Grafenwerth führt, zu sehen.
Eine Besichtigung des Aalfangschiffes ist im Rahmen des alljährlichen Aalkönigfestes möglich.

■ In Bad Honnef half die NRW-Stiftung bei der Restaurierung des Aalschokkers „Aranka".

9 SCHLOSS DRACHENBURG

Schloss Drachenburg und seine Bewohner bieten eine wechselvolle und spannende Geschichte, die in den späten 1960er Jahren fast ein jähes Ende gefunden hätte. Nur knapp dem Abriss entgangen und andauerndem Verfall preisgegeben, dauerte die Restaurierung des Schlosses 16 lange Jahre. Nur mit dem vereinten Einsatz des Landes NRW, der Stadt Königswinter und der NRW-Stiftung gelang die glänzende Wiederauferstehung dieses Juwels der Rheinromantik. Im Sommer 2010 wurden die letzten Gerüste abgebaut, der Prachtbau erstrahlt seither wieder in altem Glanz.

Der Naturpark Siebengebirge zählt zu den ältesten Naturschutzgebieten Deutschlands. Mitten in dieser Idylle ließ sich Stephan Sarter einen Wohntraum in opulenter Gründerzeitarchitektur erbauen. Dank einer damals neuen Bauweise waren die Arbeiten für den Prachtbau nach nur drei Jahren (1882–1884) abgeschlossen. So rasch das Schloss stand, so lang hat seine Wiederherrichtung gedauert. Im Frühjahr 1995 begannen die ersten Arbeiten für die umfassende Restaurierung des Ensembles von Schloss Drachenburg. Um die Spuren, die Kriegsbeschädigungen, unsachgemäße Reparaturen und die vielfältige Nutzung des Gebäudes hinterlassen hatten, zu beseitigen, waren viel Zeit und Geld notwendig.

Der Bauherr Stephan von Sarter war sehr wohlhabend. Nach einer Banklehre als Börsenmakler war der Sohn eines Bonner Gastwirtes an der Pariser Börse zu Reichtum gekommen, insbesondere mit der Finanzierung des Suezkanals und als Berater der Rothschilds. Dem Geist der Zeit entsprechend wollte er seinen Reichtum auch zeigen. Er kaufte sich einen Adelstitel und gab als Baron Stephan Sarter das Traumschloss in Auftrag.

Außen wie innen ist das Schloss von einem Nebeneinander zahlreicher „Neostile" geprägt, früherer Stilepochen, die zeitgenössisch aktualisiert

wurden. So wurden Stuckdecken im Renaissancestil mit barocken Möbeln im Schlafzimmer oder ein gotisches Netzgewölbe mit einer barocken Balustrade im Musiksaal kombiniert. Die zierliche Venusterrasse vor der Südfassade und der weitläufige Park scheinen Teil einer eleganten Schlossanlage zu sein, wohingegen die Ansicht von Norden mit dem mächtigen Turm an die Wehrhaftigkeit einer Burg erinnert. Mit seinem Stilmix ist Schloss Drachenburg ein Musterbeispiel für die Bauweise des Historismus.

Dass es sich bei dem Begriff aber keineswegs nur um eine kunstgeschichtliche Stilrichtung handelt, darauf machte der Historiker Friedrich Meinecke bereits 1936 aufmerksam. Er beschreibt den Historismus als eine Geisteshaltung, die zwar im Einklang mit der Aufklärung steht, dabei aber die historischen Wurzeln für alle Zustände in der Gegenwart nicht ausblendet. Meinecke schreibt, dass der Stilmix des Historismus auch eine Art Sehnsucht nach einer eindeutigen und stilvollen Vergangenheit zum Ausdruck bringt, die letztlich den eigenen sozialen Status gegenüber einer oft als widersprüchlich empfundenen Gegenwart legitimieren sollte. Die Bestätigung aus der Vergangenheit ist das wichtigste Anliegen des Historismus.

Der zeitgenössische Kunstkritiker Johannes Proelss war damals voll des Lobes für das Bauwerk: „Elegante Privat-, Arbeits-, Toiletten-, Schlaf- und Frühstückszimmer für den Schlossherrn und seine Gäste zeugen vom gediegenen

Geschmack des Bauherrn und der hohen Stufe des rheinischen Kunsthandwerks." Ein Luxus, der Königen und Kaisern würdig war und für eine entsprechende Gästeliste sorgte: Victoria Adelaide Mary Louisa von Großbritannien und Irland nächtigte im hochherrschaftlichen Ehren-fremdenappartement. Ebenso der Kronprinz von Griechenland nebst Gattin und Prinzessin Char-lotte zu Schaumburg-Lippe. Vom Empfangssaal bis zu den Gästezimmern hatte der Schlossherr an Einrichtung und Ausstattung nicht gespart. Das schönste Accessoire gab die Natur dazu: Die einmalige Aussicht auf das Rheintal. Sarter selbst konnte diese Pracht allerdings nie genie-ßen: Er hat Schloss Drachenburg nie bewohnt. Nach seinem Tod im Jahr 1902 wurde Schloss Drachenburg zu einer Art Luxushotel. Der Jung-geselle Sarter hatte weder Testament noch Erben hinterlassen. So ersteigerte sein Neffe, der Jurist Jakob Biesenbach, das Anwesen und gestaltete es als „Sommerfrische" für wohlhabende Rei-sende. Auf dem Parkgelände ließ er Blockhäu-ser für die Unterbringung der Gäste errichten und das Schlossinnere der neuen Nutzung ent-sprechend anpassen. In späteren Jahren beher-

Das Wappen Stephan von Sarters mit seinem Leitmotiv „Wäge – Wage".

bergte das Schloss unter anderem ein katholisches Internat, wurde als Frauengenesungsheim genutzt, als Schule der Nationalsozialisten und als Ausbildungsstätte für Eisenbahner. Im Zweiten Weltkrieg und in der unmittelbaren Nachkriegszeit wurde das Gebäude schwer beschädigt und verfiel in der Folge zusehends. Die Genehmigung zum Abriss war bereits erteilt, als 1971 der Privatmann Paul Spinat, ein Liebhaber repräsentativer Wohnkultur, das Ensemble erwarb und es damit für die Nachzeit rettete.

Seit 1986 stehen Schloss Drachenburg und seine Parkanlagen unter Denkmalschutz. Dank der aufwändigen Renovierungsarbeiten ist heute von den großen Schäden nichts mehr zu sehen. Um das gründerzeitliche Baudenkmal zu erhalten und es öffentlich zugänglich zu machen, hatte die NRW-Stiftung 1989 das Schloss Drachenburg von seinem letzten Privatbesitzer gekauft und es dann an die Stadt Königswinter übertragen. Der Startschuss für die Instandsetzung fiel 1994 mit Arbeiten an den Umfassungsmauern, 1997 begann dann die Instandsetzung des Hauptgebäudes. In den Jahren von 1997 bis 2000 wurde zudem die Vorburg restauriert und ausgebaut, die heute von der Stiftung Naturschutzgeschichte als Archiv, Forum und als Museum genutzt wird (s. S. 122).

Im Hauptgebäude begann nach Fertigstellung der imposanten Kunsthalle im Jahre 2004 die behutsame Restaurierung der Innenräume. Kuppel inklusive Treppenanlage wurden rekonstruiert, ebenso Aufzug und Aussichtsplattform. Im Frühjahr 2010 wurden die Arbeiten an der Hauptburg dann endgültig abgeschlossen. Die Schlossräume sind jetzt mit historischen Möbeln eingerichtet, die das ursprüngliche Erscheinungsbild nahezu authentisch wiedergeben und dem Besucher einen Einblick in die gründerzeitliche Wohnkultur des späten 19. Jahrhunderts vermitteln.

Der neue Rundgang führt die Besucher gleich zu Beginn in eine Ausstellung im Erdgeschoss, wo sie sich ein Bild von der äußerst wechselvollen Geschichte des Schlosses und seiner immerhin elf Besitzer machen können. Die 16-jährige Renovierungsphase wird in der Ausstellung thematisiert. Interessant ist auch ein Blick in den Park von Schloss Drachenburg, der als „zonierter Landschaftsgarten" gestaltet wurde und einen beeindruckenden Baumbestand enthält. Seit dem Sommer 2011 hält die über 100 Jahre alte Zahnradbahn wieder an der Vorburg von Schloss Drachenburg und ermöglicht Besuchern einen Zugang zum Schloss wie schon zu Zeiten Stephan von Sarters.

■ **Informationen**

Schloss Drachenburg
Drachenfelsstraße 118
53639 Königswinter
Tel. 02223 / 90 19 70
www.schloss-drachen-burg.de

Öffnungszeiten:
Di-So 11-18 Uhr, in den Ferien auch Mo 11-18

■ **Kinder**

www.nrw-entdecken.de

■ Schloss Drachenburg in Königswinter steht im Eigentum der NRW-Stiftung. Die bedeutende Schloss- und Parkanlage am Drachenfels wurde innen und außen vollständig restauriert und steht den Besuchern als Museum und Veranstaltungsstätte zur Verfügung.

10 ARCHIV, FORUM UND MUSEUM ZUR GESCHICHTE DES NATURSCHUTZES

Was können ein altes Weidenkörbchen, ein Bambi oder ein Wohnwagen über unser Verhältnis zur Natur sagen? Als isolierte Objekte vermutlich wenig. Ergänzt durch erläuternde Worte, Töne und Bilder werden sie jedoch zu Zeitzeugen und geben Antworten auf spannende Fragen: Wann und warum keimte der Naturschutz? Wie ist er gewachsen? Und wo stehen wir selbst im Spannungsfeld zwischen Naturkonsum und Naturschonung? In der Vorburg von Schloss Drachenburg im Siebengebirge widmet sich das Museum zur Geschichte des Naturschutzes in Deutschland diesen Themen.

Der Konflikt zwischen Landschaftsverbrauch und Sehnsucht nach heiler Natur fand gleich vor der Haustür statt: Als vor 170 Jahren der Trachytabbau das gewohnte Bild der sieben Berge zu entstellen drohte, regte sich Widerstand. Um die Drachenfelsruine als Freiheitssymbol und Ikone der Rheinromantik nicht zu gefährden, beschlagnahmte der preußische König die Bergkuppe und ließ die Steinbruchbetreiber entschädigen. Der staatliche Handstreich zum Schutz des Bergpanoramas mündete später in eines der ersten deutschen Naturschutzgebiete. Nicht die Sorge um gefährdete Lebensgemeinschaften, Pflanzen und Tiere war demnach die Initialzündung, sondern die Wertschätzung

Den Bambi erhielt Bernhard Grzimek für sein Fernseh-Format „Ein Platz für Tiere", heute steht die Auszeichnung im Museum für Naturschutzgeschichte.

landschaftlicher Schönheit. Längst bilden beide Aspekte, Ästhetik und wissenschaftliche Expertise, Grundlagen des behördlichen Naturschutzes. Wo unsere Urgroßeltern „nur" von der Erhabenheit der Landschaft schwärmten, wird heute zugleich nach Rote-Liste-Arten gefragt.

Während die Installationen im Parterre den lokalen Bezug zum Siebengebirge herstellen, Zeitströmungen und Reifungsschritte zeigen, nimmt die Ausstellung im Obergeschoss die Geschichte des Vogelschutzes in den Blick. Diese klassische Teildisziplin ist wegen ihrer Popularität besonders gut geeignet, um den Stellenwert des Zeitgeistes, des ehrenamtlichen Engagements und der wissenschaftlichen Forschung zu verdeutlichen, und das am Beispiel ausgewählter Persönlichkeiten.

Wer beim klassischen Naturschützer an einen Loden tragenden Fortschrittsfeind denkt, wird in der Ausstellung eines Besseren belehrt, zum Beispiel in Person des Ingenieurs Hermann Hähnle (1879–1965). Der Sohn der Vogelschutzbund-Gründerin ging zwar auf die Pirsch, aber

Was kann uns ein Wohnwagen über unser Verhältnis zur Natur sagen? Für die komfortable Asphaltpiste, auf der wir am Wochenende ins Grüne fahren, wurde ein Teil genau dieser Natur geopfert.

■ Die NRW-Stiftung restaurierte die Vorburg von Schloss Drachenburg und richtete darin eine Ausstellung zur Geschichte des Naturschutzes ein.

■ **Informationen**

Stiftung Naturschutzge-
schichte, Drachenfelsstr.
118, 53639 Königswinter
Tel. 02223 / 70 05 70
www.naturschutzge-
schichte.de

Öffnungszeiten:
Di-So 11-18 Uhr
In den Oster-, Sommer-
und Herbstferien (NRW)
auch Mo 11-18 Uhr
Private Gruppenführungen
sind auch außerhalb der
Öffnungszeiten möglich.
Kontakt: Astrid Müller,
Tel. 02223 / 90 19 776
Tel. 02223 / 70 05 70

nur mit der Filmkamera. Schon im Jahr 1902 bannte er wild lebende Säugetiere auf Zelluloid, seit 1906 auch Vögel. In einer Zeit, als in den Schaubuden der Jahrmärkte Klamauk über die Leinwände flimmerte und lange bevor das Fernsehen erfunden wurde, zeigte Hähnle seine „Natur-Urkunden" in Schulen, auf Vorträgen und bei Tagungen.

Nicht jedem Naturschutzaktivisten war die grüne Gesinnung in die Wiege gelegt. Carl Georg Schillings (1865–1921) gefiel sich viele Jahre in der Rolle des verwegenen Abenteurers und Großwildjägers, bevor er zum Naturschützer mutierte. Besonders prangerte er die Federhutmode an, für die massenweise Paradiesvögel und Edelreiher sterben mussten. Die Kampagne zeigte Wirkung, der Reichstag erließ ein Jagdverbot und die Schickeria musste Federn lassen. Die Stiftung Naturschutzgeschichte will die Geschichte des Naturschutzes lebendig und wirksam erhalten. Deshalb unterhält sie in der Vorburg auch ein Archiv und diskutiert regelmäßig im Rahmen von Tagungen über Geschichte, Gegenwart und Zukunft des Naturschutzes.

11 SIEBENGEBIRGSMUSEUM

„Weit droht ins offne Rheingefild der turmge-
krönte Drachenstein ..." Diese Zeilen von Lord
Byron gelten heute ebenso wie vor 200 Jahren.
Der englische Dichter war einer der ersten Touristen hier im Siebengebirge. Ihre Hoch-Zeit als
Muse der Kunst erlebte die Region während der
Romantik im 19. Jahrhundert, als Dichter wie
Heinrich Heine sie besangen. Seit jener Zeit
zählt das Siebengebirge zu den meistgemalten
und -gezeichneten Landschaften in Deutschland. Einen Blick hinter die Kulissen dieser reizvollen Region bietet das Siebengebirgsmuseum.
Bereits in den 1930er-Jahren öffnete das Museum in der Altstadt von Königswinter seine
Pforten. Ziel war, die wichtigsten landschafts-
prägenden Faktoren des Siebengebirges in einer
Dauerausstellung zu vermitteln.
Im Rundgang „Die Entstehung der Landschaft"
erfahren Interessierte, wie Vulkane und Ero-
sion die charakteristische Landschaft in Millionen von Jahren prägten. Wirtschaftszweige,
die die Region auf ihre Weise formten, werden
im Bereich „Regionalgeschichte" historisch beleuchtet. Die Rheinschifffahrt beeinflusste viele
Jahrhunderte lang das Leben der Bewohner des
Siebengebirges. Noch bis in die 1950er-Jahre
waren Holzflöße auf dem Rhein ein alltägliches
Bild. Auf dem fruchtbaren Boden entlang des

■ Informationen
Siebengebirgsmuseum
Kellerstraße 16
53639 Königswinter
Tel.: 02 22 3 / 37 03
www.siebengebirgs-
museum.de

Öffnungszeiten:
Di, Do, Fr, Sa 14-17 Uhr
Mi 14-19 Uhr, So 11-17 Uhr

■ Mithilfe der NRW-Stif-
tung wurde die Daueraus-
stellung des Siebenge-
birgsmuseums in
Königswinter neu
gestaltet.

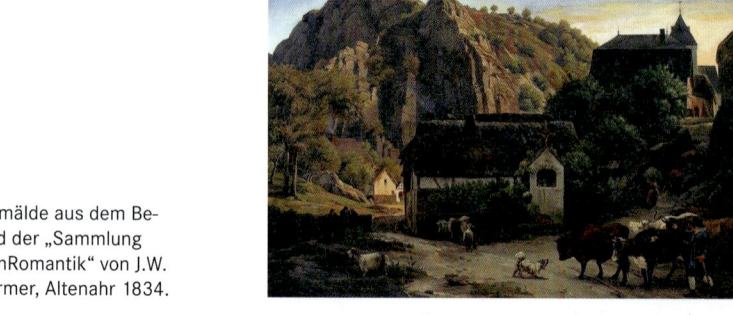

Ölgemälde aus dem Bestand der „Sammlung RheinRomantik" von J.W. Schirmer, Altenahr 1834.

Stroms wird auch Wein angebaut: Bis zur Wiedervereinigung war das Siebengebirge das nördlichste Weinanbaugebiet Deutschlands. Auch der Backofenbau hat hier eine interessante Geschichte: Aus der vulkanischen Asche des Siebengebirges bildete sich Tuffstein, der sich besonders gut für die Herstellung von Backöfen eignet, da er sehr hitzebeständig ist. Durch den Tuffstein konnte sich deshalb ein eigenständiges Gewerbe der Backofenbauer herausbilden. Im 19. Jahrhundert war der „Königswinterer Ofen" im ganzen westfälischen Raum und darüber hinaus bekannt und beliebt.

Der Bereich „Rheinromantik" dokumentiert die Bedeutung des Siebengebirges für die Kunst. Die

Blick aus dem Deichmann-Park auf Königswinter, um 1850, Künstler unbekannt.

ausgestellten Werke zeugen von der frühen Popularität der Region. Anschauliche Materialien über die Entwicklung des Siebengebirges zu einem der ersten Naturschutzgebiete Deutschlands runden die Dauerausstellung ab.

Die Sonderausstellungen des Siebengebirgsmuseums richten ihr Augenmerk stets auf Besonderheiten der Region. Die Exponate des Museums vermitteln einen Eindruck von der historischen Bandbreite des Landstrichs. Besucher lernen beispielsweise, weshalb der Kölner Dom und das Gebirge untrennbar miteinander verbunden sind und erfahren auch, was Eduard Rhein, Namensgeber der Comicfigur „Mecki", mit dem Siebengebirgsmuseum verbindet.

BILDNACHWEIS

- abracus GmbH 18
- Archiv NRW-Stiftung 5 o. r., 19, 16, 64, 65, 84, 85, 86, 87, 92, 93
- Banken, Kerstin 97 (Tourismus NRW)
- Bildarchiv Foto Marburg 116, 117, 118, 119, 124
- Broere, Theo 33 (Archiv Eifel Tourismus GmbH)
- Förderverein Schiffsbrücke Wuppermündung e.V. / Gabriele Pelzer 81
- Forschungsmuseum Alexander Koenig 104, 105
- Fotolia 5, 34, 96
- Hegert, Bernd 77, 122, 123
- Hewig, Werner 75
- Junker, Hartmut 20
- Köln Tourismus GmbH 11, 12, 13, 53
- Langemeier, Lars 6 o. li., 7 u. li., 37, 50, 51, 54, 55, 56, 57, 58, 59, 60, 62, 63, 109, 110, 111, 112
- Mandelartz, Marcus 38, 40, 41
- Matzke-Hajek, Günter 7, 25, 27, 28, 102, 103
- Meier, Wolfgang F. 15 (Rheinisches Bildarchiv)
- Müller, Uwe 95 (Tourismus NRW)
- Naturpark Rheinland/Heinrich Pützler 106/107
- NABU Stadtverband Aachen e.V. 35
- Pingsmann, Dorothee 23
- Regionale 2010 79, 80, 81
- Rehfeld, Rainer 82, 83
- Rheinisches Amt für Denkmalpflege 52
- Rohde, Jens 31
- Sach, Martin 120, 121
- Schmitz, Renate 114, 115
- Schumacher, Wolfgang 76
- Siebengebirgsmuseum 125, 126, 127
- Stapelfeldt, Werner 6 o. re., 6 u. li., 42, 43, 46, 47, 48, 49, 68, 69, 70, 71, 72, 73, 74, 88, 89, 90, 91, 98, 99, 100, 101
- Stadt Pulheim 45
- Sticht, Holger 5 u., 24
- Thünker, Axel 66, 67
- Weusthoff, Jörg 30